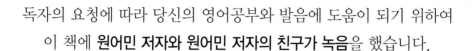

독자의 요청에 따라 당신의 영어공부와 발음에 도움이 되기 위하여
이 책에 **원어민 저자와 원어민 저자의 친구가 녹음**을 했습니다.

Thomas Frederiksen

남자 부분의 녹음은 이 책의 저자이며 착한 영어 시리즈 형제 중의 한 사람인 토마스입니다.
코펜하겐 비즈니스 스쿨 학사, 석사.

MBC, '신비한 써프라이즈' 고정 출연
EBSlang 기본생활영어 인터넷 강의
eduTV 〈착한 1-2-3 쉬운생활영어〉,
〈착한여행영어〉 교재강의

Natalie Grant

여자 부분의 녹음은 미국 애리조나 주 출신으로 현재 국제관계학의 석사 학위를 가지고 있으며, 서울에서 영어를 가르치고 있는 내털리 입니다.

㈜진명출판사 book@jinmyong.com으로 메일을 주시면 mp3파일을 보내드립니다.

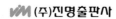  (주)진명출판사

토마스와 앤더스의

착한 여행영어회화 ·교재용·

Pure and Simple Travel English Conversation

초판 인쇄 | 2016년 5월 1일
7쇄 발행 | 2022년 10월 10일

저　　　자 | Thomas & Anders Frederiksen
번　　　역 | Carl Ahn
발　행　인 | 안광용
발　행　처 | ㈜진명출판사
등　　　록 | 제10-959호 (1994년 4월 4일)
주　　　소 | 서울시 마포구 양화로 156, 1517호(동교동, LG팰리스빌딩)
전　　　화 | 02) 3143-1336 / FAX 02) 3143-1053
이　메　일 | book@jinmyong.com
총괄이사 | 김영애
마　케　팅 | 김종규
디　자　인 | 디자인스웨터

ⓒ Thomas & Anders Frederiksen, 2017
ISBN 978-89-8010-485-7

토마스와 앤더스의

착한 여행영어회화

Pure and Simple Travel English Conversation

· 교재용 ·

저자 | Thomas & Anders Frederiksen
번역 | Carl Ahn

VM (주)진명출판사

글로벌 여행으로 외교대사가 되세요!

We are people on the move, pilgrims on their way home. If we do not know where we are going, any road brings us anywhere. Planning your ways wisely in this life is the only answer.

우리 모두는 고향을 향한 순례 중에 있는 여행자들입니다. 우리가 지금 어디로 가는지 모르고 있다면, 어떤 길이 어디로 우리를 인도할지 또한 모르는 일입니다. 나의 길을 현명하게 계획하는 것이야말로 인생을 대하는 유일한 해법이겠지요.

A perfect partner to explore the global world is "Pure and Simple Travel English Conversation", paving a safe way in moving forward.

글로벌 세계탐험의 완벽한 파트너가 되어 줄"토마스와 앤더스의 착한여행영어회화"는 여러분이 앞으로 나아감에 있어 안전한 길을 마련해줄 것입니다.

Regardless if you are boarding a flight, selecting a hotel, going shopping, or visiting a hospital or pharmacy, you need this smart "travel guide" to be understood when reaching out to people.

비행기를 타거나, 호텔을 선택하거나, 쇼핑을 하거나 또는 병원이나 약국을 방문하는 상황들만을 위해서가 아닌, 당신이 세상 사람들에게 다가갈 때를 위해서라도 이 똑똑한 여행안내서는 숙지할만한 필요가 있는 책입니다.

Bernhard, on the road since 1963, learned this the hard way as a hotelier building bridges between people of all nations!

1963년부터 여행 중에 있는 본인, 버나드는 이 어려운 방법을 전 세계 사람들 사이에 교각을 세우는 한 명의 호텔리어로써 터득해왔지요.

Be smart, take Thomas & Anders' guide with you to be understood, play it safe and secure, & have fun!

이제 똑똑해집시다. 여기 토마스와 앤더스의 안내지침과 함께 안전하고 즐거운 여행을 누리시기 바랍니다.

Respectfully,

존경을 담아,

Bernhard Brender

버나드 브렌더 / 호텔 총지배인

| 약력 |

- 2005년 서울명예시민권 부여
- 1997~현재 서울국제카톨릭교구 회장
- 1991~현재까지 한국 5성급호텔들 근무
- 1995~2004서울국제학교 학부모회 회원
- 1999~현재 US 국제스키순찰대 정회원

If you think about it, the reason why we learn a language and why we travel are actually the same.

The point of both is to experience something new. Maybe it's meeting new people, seeing new sights, or exploring something previously unknown to us, but the point is to experience something new, and with that experience, to be a little further than we were before.

Pure and Simple Travel English Conversation aims to help you in that quest. With comprehensive phrases, practical tips on culture or etiquette, and even a few real life stories, We want to give you the freedom to speak and act confidently no matter where you go, to let you become a new person, without compromising who you are.

We hope this book will help give you the freedom and joy of new experiences.

생각해보면 우리가 언어를 배우는 이유와 여행을 하는 이유가 사실 동일하다.

이 둘의 핵심은 뭔가 새로운 경험을 한다는 데 있다. 어쩌면 새로운 사람들을 만나고, 새로운 광경을 보거나, 이전에 몰랐던 새로운 것을 탐험한다는 사실이 여행의 이유가 될 수도 있겠지만, 그 모든 것의 핵심은 새로운 경험과 그 경험으로 이전의 모습에서 한걸음 더 진일보하는 것이 아닐까?

'토마스와 앤더스의 착한 여행영어회화' 는 그러한 목적을 가지고 당신을 초대한다. 광범위한 구문과 표현들, 각 문화나 에티켓에 대한 유용한 팁들, 그리고 저자가 실제로 겪었던 여행담까지… 이 모두를 어울러 당신이 어디를 가든, 자신감 있게 말하고 활동할 수 있는 '자유'를 얻는 데 도움이 되고자 한다. '우리는 영어를 못하니까…'라고 단정짓지 말고 여행을 하면서 새로운 사람이 되어 보는 그런 '자유' 말이다. 어디로든 떠나고 어떤 말이든 할 준비를 하세요!

당신이 새로운 경험에서 오는 기쁨과 자유를 만끽하는데 이 책이 도움이 되길 바라며…

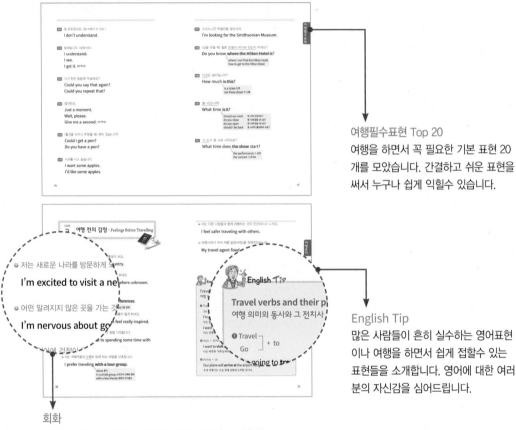

여행필수표현 Top 20
여행을 하면서 꼭 필요한 기본 표현 20
개를 모았습니다. 간결하고 쉬운 표현을
써서 누구나 쉽게 익힐수 있습니다.

English Tip
많은 사람들이 흔히 실수하는 영어표현
이나 여행을 하면서 쉽게 접할수 있는
표현들을 소개합니다. 영어에 대한 여러
분의 자신감을 심어드립니다.

회화
여행중 생겨나는 여러 상황들에 대해 바로바로 적용할 수
있는 영어회화 입니다.

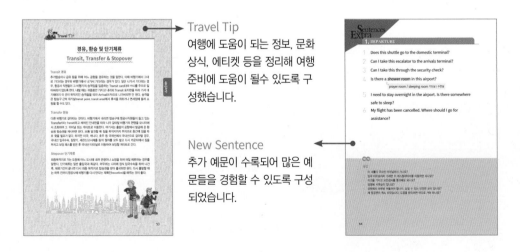

Travel Tip
여행에 도움이 되는 정보, 문화
상식, 에티켓 등을 정리해 여행
준비에 도움이 될수 있도록 구
성했습니다.

New Sentence
추가 예문이 수록되어 많은 예
문들을 경험할 수 있도록 구성
되었습니다.

■ Thomas' Exercises

각 단원의 주요 학습 내용을 진단하고
연습할 수 있어요.

■ Anders' Practice

각 단원의 주요 학습 내용을 바탕으로 실제적인
영작과 대화 연습을 할 수 있어요.

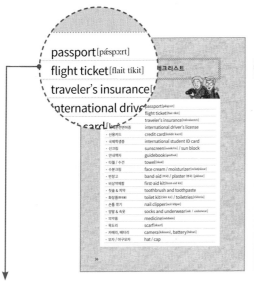

상황별 관련 어휘
각 상황에서 사용할 수 있는 주요 단어들을 모았
습니다. 이 단어들만 사용해도 여행지에서 의사
소통을 할 수 있습니다. [발음부호 전체표시]

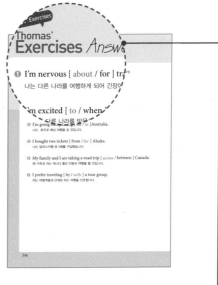

Answers
토마스와 앤더스의 연습문제 책 말미에
모범 답안 수록

9

떠나기 전...

여행을 떠나기에 앞서 여러 상황에 유용하게 쓰이는 핵심구문들을
미리 알아두면 좋다. 영어초보자들을 위해, 상황에 맞게 단어들만 바
꿔가며 활용할 수 있는 20개의 기본구문들을 소개한다.

여행이나 갈까?

여행 필수표현

The Top 20 Must-Know Phrases

#01 잘 모르겠어요. (잘 이해가 안 되요.)

I don't understand.

#02 알겠습니다. (알았어요.)

I understand.

I see.

I got it. (비격식)

#03 다시 한번 말씀해 주실래요?

Could you say that again?

Could you repeat that?

#04 잠깐만요.

Just a moment.

Wait, please.

Give me a second. (비격식)

#05 (물건을 사거나 주문할 때) 펜이 있습니까?

Could I get a pen?

Do you have a pen?

#06 사과를 사고 싶습니다.

I want some apples.

I'd like some apples.

#07 스미소니언 박물관을 찾는데요.

I'm looking for the Smithsonian Museum.

#08 (길을 찾을 때) 힐튼 호텔이 어디에 있는지 아세요?

Do you know where the Hilton Hotel is?

where I can find the Hilton Hotel
how to get to the Hilton Hotel

#09 이것은 얼마입니까?

How much is this?

is a ticket 티켓
are these shoes 이 신발

#10 몇 시입니까?

What time is it?

should we meet	몇 시에 만날까요?
do you close	몇 시에 문을 닫나요?
do you open	몇 시에 문을 여나요?
should I be back	몇 시까지 돌아와야 되죠?

#11 그 쇼가 몇 시에 시작하죠?

What time does the show start?

the performance 그 공연
the concert 그 콘서트

#12 조심하세요!

Be careful.
Watch out!

부주의한 운전자에게, 미끄러운 눈길에서, 레스토랑에서 바삐 움직이는 웨이터에게 쓸 수 있는 표현.

#13 좋아요.

OK.
That's fine.

누군가에게 제안이나 의향을 물을 경우에는,

• Is that OK?

What do you think about _____?

_____ 하는 것이 어때요?

#14 전 괜찮습니다. 그 점에 대해 염려하지 마세요.

I'm fine.
Don't worry about it.

누군가 당신에게 주스를 쏟았을 때, 누군가 당신의 건강이나 안부를 염려할 때 쓸 수 있는 표현

#15 기분이 좋습니다.

I feel great.

tired 피곤합니다
frustrated 맥이 빠지네요 (별로네요)
excited 신이 납니다
nervous 불안합니다 (초조합니다)

#16 문제가 생겼습니다. 도와주세요.

I'm in trouble. I need help.

#17 미안합니다.

I'm sorry.

#18 실례합니다.

Excuse me.

Pardon (me).

길을 걷다 누군가를 앞지르게 될 때, 누군가를 부를 때

#19 아니요. 됐습니다. 신경 쓸 것 없습니다.

Never mind. Forget about it.

마음이 바뀌었을 때, 특정주제에 대해 더 이상 얘기하고 싶지 않을 때 쓸 수 있는 표현

#20 화장실이 어디에 있나요?

Where is the bathroom?

my luggage 수화물
our meeting place 집결지(모이는 곳)

English Tip

덴마크에는 이런 속담이 있다.

- **A much-loved child has many nicknames.**
  사랑을 많이 받는 아이가 별명도 많다.

만일 이 말이 사실이라면, 화장실이야말로 가장 많은 애정을 받는 시설물이 아닐까? 수 많은 동의어들 중 미국(the U.S.)에서는 restroom 또는 washroom 이라 불리고, 영국 (the U.K.)에서는 lavatory, toilet 또는 loo 라고 불린다. 보통 화장실 문에 Ladies 또는 Gentlemen 라고 쓰여 있는데, 그 때문인지 사람들이 종종 여자화장실을 ladies' room 이라 부르기도 한다.

하지만, 주의하자! 남자화장실은 "gentlemen's room"이라고 부르지 않는다는 사실! 대 신 좀 더 짧게 그냥 men's room 이라 부른다. 이와 별개로, 화장실에 관련된 보다 전문적 인 표현을 원한다면 다음 단어들도 알아두자.

Bidet (비데), squat toilet (쪼그리고 앉아서 쓰는 재래식 변기), men's urinal (남성용 소변기).

More Expressions

● 그건 뭐에요?

What is that?

● 저 사람은 누구입니까?

Who is that?

● 그건 내 실수가 아니에요.

It's not my fault.

● 그게 무슨 뜻이에요?

What does that mean?

● 당신 말이 무슨 뜻입니까?

What do you mean?

● 준비됐나요?

Are you ready?

● 그거면 충분합니다.

That's enough.

● 이걸 영어로 뭐라고 부르죠?

What do you call this in English?

● 안보여요.

I can't see it.

● 안 들려요.

I can't hear it.

● 작동이 안되네요.

It doesn't work.

● 진정하세요.

Relax.
Take it easy.

● 제일 싼 걸로 할래요.

I'd like the cheapest one.

best 제일 좋은
most popular 제일 잘 팔리는
newest 가장 최근에 나온

● 이거 알아요.

I know this.
I'm familiar with this.

● 저리가세요! 저 좀 혼자 내버려 두세요.

Go away! Leave me alone.

● 이거 정말 재미있네요.

This is so much fun!

● 이거 안전한가요?

Is it safe?

dangerous 위험한가요

다음은 다양한 상황에서 유용하게 사용할 수 있는 흔한 단어들 입니다. 이 단어들은 이 책에 나온 문장들의 뉘앙스(어감)를 조절하여 사용하실 수 있습니다.

never 전혀 아닌

always 항상, 언제나

rarely 거의 아닌, 드물게

sometimes 때때로, 가끔씩

somebody 누군가

nobody 아무도 아닌, 보잘 것 없는 사람

but/however 그러나, 하지만

even though / although 비록 ～일지라도

later 이후에, 나중에

earlier 더 이른, 조기에

afterwards 나중에, 그 후에

each / every (day, hour, person) 각각, 전부 (매일, 매 시간, 모든 사람)

until ～까지

necessary 필요한, 불가피한

(too) many / much (양, 개수가 너무) 많은

(too) few / little (양, 개수가 너무) 적은

좋은 여행은 집에서부터 시작되는 법!

누구나 여행준비물에 관한 자신만의 리스트를 가지고 있겠지만, 내 경우에는 어디로 가느냐에 관계없이 반드시 필요한 나만의 두 가지 여행 필수품이 정해져 있다. 하나는 '벨트(belt)'이고 다른 하나는 '립밤 또는 챕스틱(lip balm or chap-stick)'이다. 언뜻 보면 대수롭지 않은 물건 같아 보일지 몰라도, 무릎까지 흘러내리는 반바지를 추켜올리며 갈라지고 튼 입술로 하루 종일 방콕시내를 돌아다니는 짜증스런 경험을 해 본 사람이라면 고개를 끄덕일 법도 하지 않을까?

여행이나 갈까?

여행준비

Preparing for your trip

Preparing for your trip

여행 묘사하기 • Describing Your Trip

● 나는 알라스카행 표 2매를 구입했습니다.

I bought two tickets for Alaska.

● 저는 올 여름에 인도 여행을 할거에요.

I'm traveling to India this summer.

● 제 가족과 저는 캐나다 횡단 자동차 여행을 할 것입니다.

My family and I are taking a road trip across Canada.

● 나는 형(남동생, 오빠)과 함께 호주 배낭 여행을 할 것입니다.

I'm going backpacking in Australia with my brother.

● 우리는 노르웨이의 피오르드를 유람선을 타고 관광할 거예요.

We're taking a cruise ship through the Norwegian fjords.

● 저는 피지에 있는 해변 휴양지에서 며칠간 보내려고 합니다.

I'll spend a few days at a beach resort in Fiji.

● 우리는 기차를 타고 여행을 할 것입니다.

We'll be traveling by train.

bus 버스　　plane 비행기　　boat 보트

● 저는 나의 가족과 함께 여행을 할 것입니다.

I'm traveling with my family.

my boyfriend 남자친구와
my best friend 가장 친한 친구와
a tour group 단체 여행객들과

● 저는 유로패스/유로레일로 유럽 횡단 여행을 할 것입니다.

I'm using Europass / Eurorail to travel across Europe.

● 저는 미국인 가족의 가정에서 민박을 할 거에요.

I'm doing a home stay with an American family.

● 저는 느긋하게 쉬기 위하여 호화로운 휴가를 보낼 것입니다.

I'm taking a luxury vacation to relax.

● 저는 다양한 유적지를 보기 위하여 전세계를 여행할 예정입니다.

I'm doing a round-the-world trip to see various historical sites.

English Tip

Trip-Travel-Tour의 차이점

❶ trip : 몡 가장 일반적인 명사.

I'm going to take a trip.
나는 여행을 갈 거에요.

❷ travel : 통 보통은 동사로 사용된다. 명사로는 (복수형은 travels) 구식의 글쓰기에서 주로 사용.

I'm traveling to Russia.
저는 러시아로 여행을 할 것입니다.

❸ tour : 몡 여러 사람들과의 계획된 여행. 몇 군데의 목적지를 방문하는 여행.

I'm going on a tour of Eastern Europe.
나는 동유럽 관광을 할 것이다.

공연자나 제작자등에 대하여 말할 때에는 동사로 사용된다.

The band toured the west coast.
그 밴드는 서부 해안가로 연주여행을 했다.

여행 전의 감정 • Feelings Before Travelling

◉ 저는 새로운 나라를 방문하게 되어 흥분이 되요.

I'm excited to visit a new country.

◉ 어떤 알려지지 않은 곳을 가는 것이 긴장이 되네요.

I'm nervous about going somewhere unknown.

◉ 다른 언어에 걱정이 됩니다.

I'm worried about language differences.

culture differences 다른 문화

◉ 이번 여행을 계획하는 것이 저를 정말로 감흥이 일게 하네요.

Planning this trip makes me feel really inspired.

◉ 가족과 함께 시간을 보내게 될 것이 정말 기대됩니다.

I'm looking forward to spending some time with my family.

◉ 저는 여행객들과 단체로 함께 하는 여행을 선호합니다.

I prefer traveling with a tour group.

alone 혼자
in a small group 소규모의 단체와 함께
with a few friends 몇명의 친구들과

● 저는 다른 사람들과 함께 여행하는 것이 더 안전하다고 느껴요.

I feel safer traveling with others.

● 여행사에서 저의 여행 일정(여정)을 정해주었습니다.

My travel agent fixed my itinerary for me.

English Tip

Travel verbs and their prepositions
여행 의미의 동사와 그 전치사

❶ Travel ⌉
   Go   ⌋ + to

I'm going to **travel to** Argentina this summer.
나는 올 여름에 아르헨티나로 여행을 갈것 이다.

I want to **go to** the North Pole one day.
나는 언젠간 북극에 가기를 원한다.

❷ Visit + 전치사 없음

I want to **visit** a country with warm weather.
나는 따뜻한 기후(날씨)의 나라를 방문하고 싶다.

❸ Arrive + at

Our plane will **arrive at** the airport tonight.
우리 비행기는 오늘 밤에 공항에 도착할 것이다.

1. INTRODUCING YOUR TRIP.

1 I packed my bags at the last minute.

2 I had to be at the airport very early in the morning.

3 I made a checklist of everything I need to bring.

4 Preparing for my trip makes me feel more secure.

5 It's my first time to visit this country.

6 One of my friends recommended this hotel.

해 석

여러분의 여행을 소개해보세요.

1 나는 시간에 임박해서 (가까스로) 짐을 꾸렸다.
2 나는 아침 일찍 공항에 갔어야 했다.
3 나는 가져갈 (필요가 있는) 모든 것의 체크리스트를 작성했다.
4 여행을 준비하는 것은 나를 더욱 안심하게(안정감이 들게)만든다.
5 이 나라를 방문한 것은 처음이에요.
6 내 친구중의 한 명이 이 호텔을 추천했다.

2. FEELINGS BEFORE TRAVELING

1   I haven't reserved any hotels yet.

2   This tour company had good reviews online.

3   I joined a travel forum online to get advice from other travelers.

4   I couldn't sleep well the night before my trip because I was too excited.

5   I'm afraid of flying!

6   I went to the embassy to get a tourist visa.

해 석

여행 전의 감정

1 아직 나는 어떤 호텔도 예약하지 않았다.
2 이 여행사는 온라인에서 평이 좋았다.
3 나는 다른 여행객들로부터 조언을 얻기 위하여 온라인 포럼(토론회)에 참여했다.
4 나는 너무 들떠서 여행 전날에 잠을 푹 잘 수 없었다.
5 비행기 타는 것이 두렵다!
6 나는 관광비자를 받기 위하여 대사관에 갔다.

Thomas' Exercises

Thomas' 말하기 쓰기
Exercises 다음 문장의 올바른 단어에 동그라미 하세요. [Sample 답안 320-321p.]

❶ I'm nervous [about / for] traveling to another country.

❷ I'm excited [to / when] visit another country.

❸ I'm traveling [on / to] India this summer.

❹ I'm going backpacking [for / in] Australia.

❺ I bought two tickets [from / for] Alaska.

❻ My family and I are taking a road trip [across / between] Canada.

❼ I prefer traveling [by / with] a tour group.

Anders' Practice

Anders'
Practice

여행준비

❶ 여러분 학급의 친구들에게 여러분의 다가 올 여행이나 여러분이 하기를 원하는 여행에 대하여 말해 보세요. 어디로 갈건가요? 어떻게 갈건가요? 여행지에서 얼마 동안 머무를 건가요? 누구와 함께 여행을 할 건가요? 여행지에서 무엇을 할 건가요?

➡ _____

_____

_____

_____

❷ 여러분의 다가올 여행에 어떤 기분이 드나요?
여러분은 어떤 종류의 여행 스타일을 선호하세요?

➡ _____

_____

_____

_____

준비물 체크리스트

• 여권	passport [pǽspɔ:rt]
• 항공권	flight ticket [flait tíkit]
• 여행자보험	traveler's insurance [trǽvələr inʃúərəns]
• 국제운전면허증	international driver's license
• 신용카드	credit card [krédit ka:rd]
• 국제학생증	international student ID card
• 선크림	sunscreen [sʌnskrìːn] / sun block
• 안내책자	guidebook [gáidbùk]
• 타월 / 수건	towel [táuəl]
• 수분크림	face cream / moisturizer [mɔ́istʃəràizər]
• 반창고	band-aid (미국) / plaster (영국) [plǽstər]
• 비상약제함	first-aid kit [fəːrst-eid kit]
• 칫솔 & 치약	toothbrush and toothpaste
• 화장품(휴대용)	toilet kit [tɔ́ilit kit] / toiletries [tɔ́ilitriis]
• 손톱 깎기	nail clipper [neil klípər]
• 양말 & 속옷	socks and underwear [sak / ʌndərwɛər]
• 의약품	medicine [médəsin]
• 목도리	scarf [ska:rf]
• 카메라, 배터리	camera [kǽmərə], battery [bǽtəri]
• 모자 / 야구모자	hat / cap

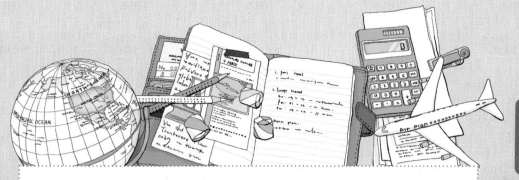

계절별 체크리스트

봄 & 가을 Spring and Fall

• 우비	raincoat[réinkòut]
• 장화	rain boots[rein buːts]
• 우산	umbrella[ʌmbrélə]

여름 Summer

• 수영복	swimsuit / bathing suit[béiðiŋ suːt]
(비키니 bikini, 남자용 수영바지 swimming trunks)	
• 샌들 / 슬리퍼	sandals / thongs[θɔːŋ]
• 뒤축 없는 슬리퍼	flip-flops[flip-flaps]
• 모기퇴치제	mosquito repellent[məskíːtou ripélənt]
• 선글라스	sunglasses[sʌnglǽsiz]

겨울 Winter

• 장갑	gloves[glʌv]
• 스키 고글	ski goggles[gáglz]
• 비니/모자(두건)	beanie[bíːni]
• 등반용 설원부츠	hiking boots[háikiŋ buːts]

이제 출발이다!

공항에는 그 곳만의 독특한 분위기가 있다. 다국적 환경, 이른 아침
또는 늦은 저녁의 비행일정, 흥분과 기대감 그리고 설레는 북적임등.
이제 이번 장의 표현들을 익혀 그러한 묘미들을 놓치지 않고도 순조
롭게 출발할 수 있도록 준비해 보자.

여행이나 갈까?

Chapter **02**

출입국

출입국

Departure and Arrival

Departure and Arrival

Unit 1

출 국 · Departure

체크인과 보안 검색으로 탑승 수속이 길어질 수 있으니, 비행기 출발 2시간 전에는 공항에 도착하는 것이 좋다.

출입국

a. 체크인 Check-In

me 대한항공 체크인 카운터가 어디 있나요?

Where's the Korean Air check-in counter?

me 아시아나 항공 라운지가 어디입니까?

Where is the Asiana Airlines lounge?

◉ 여권을 보여주세요.

Passport, please.

◉ 항공권을 보여주시겠어요?

May I see your ticket?

e-ticket receipt 전자티켓 영수증

◉ 최종 목적지가 어디입니까?

What is your final destination?

41

me 몇 시에 비행기를 탑니까?

What time does the plane board?

● 창가와 복도자리 중에 어디가 좋으세요?

Do you prefer a window seat or an aisle seat?

me 창가로 주세요.

Window seat, please.

me 아무데나요.

Either is fine. = I don't mind.

● 손님 좌석은 비상구 앞입니다. (그 자리에 앉을 경우) 비상 상황시 수반되는 의무를 수행할 의향이 있고 또 수행하실 수 있으신지요?

You are sitting by an emergency exit. Are you willing and able to perform the necessary duties in case of an emergency?

● 홍콩에서의 대기시간은 5시간입니다.

You have a five-hour layover in Hong Kong.

stopover

● 화물로 실을 짐이 있으십니까?

Do you want to check in any luggage?

me 네. 이 가방이요.

Yes, this suitcase.

me 아니요. 기내용 가방만 있습니다.

No, I only have carry-on (hand-luggage).

● 여기 승차권(보딩 패스)입니다. 24B 게이트로 가십시오.

Ok, here is your boarding pass. Please go to gate 24B.

me 이 게이트로 어떻게 가나요?

How do I get to this gate?

me 24B 게이트가 어디에 있나요?

Where is gate 24B?

◉ 저 쪽에 있는 터미널지도를 보십시오.

Look at the terminal map over there.

me 몇 시까지 그 게이트로 가야 하나요?

What time should I be at the gate?

◉ 2번 터미널로 가셔서 셔틀버스를 타십시오. 5분 간격으로 운행합니다.

You need to go to terminal 2. Take the shuttle bus. It leaves every 5 minutes.

shuttle train 셔틀전차

◉ 비행기는 13:45에 이륙하고 탑승 시간은 13:25부터 입니다. 적어도 20분 전까지 게이트로 가십시오.

Your flight leaves at 13:45, and the boarding time is 13:25. Please be at the gate at least 20 minutes beforehand.

◉ 그 비행기는 40분 가량 연착될 예정입니다.

The flight will be delayed by 40 minutes.

◉ 그 비행기는 무기한 연기됩니다.

The flight is delayed indefinitely.

◉ 그 비행기가 취소되었습니다.

The flight has been canceled.

me 미국달러로 환전해 주세요.

(I'd like to exchange this from Korean won into) U.S. dollars, please.

me 좀 더 작은 단위의 지폐들로 바꿔주시겠어요?

Could you exchange this into smaller bills? Could you break this for me?

· 물론입니다. 어떻게 드릴까요?

Sure, what do you want?

me 50달러짜리 한 장과, 20달러짜리 두 장, 그리고 10달러짜리 한 장으로 주세요.

A fifty, two twenties, and a ten, please.

me 환전수수료가 있나요?

Is there a charge?

commission fee

me 한국과 미국간의 환율이 어떻게 되죠?

What is the exchange rate between the Korean won and the U.S. dollar?

여기 환율표에 나와 있습니다. 1달러에 1,070원입니다.

The rate is listed on this board. It's 1,070 won to one dollar.

me 해외로 송금할 수 있나요?

Can I transfer money overseas?

 Travel Tip

환전한 돈은 다시 한번 확인하자!

처음 한국에 오기 전, 난 우리나라(Denmark) 공항에서 자국 돈을 한화로 환전하였다. 약 20만원 정도 되는 액수였는데, 한국 화폐에 생소한 은행직원이 20만 인도네시아 루피로 환전을 해준 것이다. 한국화폐를 한 번도 본 적이 없던 나는 애석하게도 한국에 도착하고 나서야 그 실수를 알게 되었다. 하지만 그 보다 더욱 슬픈 건 20만 루피는 한화로 겨우 15,000원 정도 밖에 안 된다는 사실... ㅜ_ㅜ

출입국

me 이것을 가지고 타도 될까요?

Can I bring this on the plane?

· 아니요. 병 음료는 허용되지 않습니다. 버리셔야 합니다.

No, bottled drinks are not allowed. You have to throw it out.

◉ 주머니 속 소지품들을 모두 꺼내주세요.

Please remove all items from your pockets.

◉ 벨트와 신발은 바구니에 넣어주세요.

Please place your belt and shoes in the tray.

◉ 노트북을 가지고 있습니까?

Do you have a laptop?

◉ 좋습니다. 엑스레이검사대를 통과하여 서 주세요.

Ok, step through the X-ray.

◉ 감사합니다. 다 됐습니다. 소지품을 챙기세요.

Thank you. You are cleared. Please pick up all your items.

me 신발을 벗어야 하나요?

Should I take off my shoes?

me 저는 아이 때문에 도움이 좀 필요합니다.

I need special assistance for my child.

wheelchair 휠체어
baby carriage 유모차

Unit 2 탑승 및 기내에서 • Boarding and In-Flight

탑승 안내방송

We will now begin boarding. Please have your boarding pass ready. We'd like to welcome all passengers sitting in rows 24 to 35 to board now.

이제 탑승을 시작합니다. 보딩패스(탑승권)를 준비해주십시오. 24열부터 35열까지 먼저 탑승하도록 하겠습니다.

● 탑승권을 보여주시겠어요?
  손님좌석은 27C입니다. 왼쪽 복도를 이용해주십시오.

May I see your boarding pass, please?
Your seat is 27C. Please take the left aisle.

me 제 짐 옮기는 것을 좀 도와주시겠어요?

Could you help me carry my bag?

me 이 짐을 (좌석 위 짐칸에) 넣는 걸 좀 도와주시겠어요?

Could you stow this for me, please?

● 여기 짐을 놓으시면 안됩니다. 손님 앞 좌석 아래 또는 머리 위 짐칸에 넣어주십시오.

You can't leave your bag here. Please stow it under the seat in front of you, or in the overhead compartment.

me 실례합니다. 여기 27C 지요? 제 자리 같은데요.

Excuse me, is this seat 27C? I think this is my seat.

me 자리 좀 바꿔주시면 안될까요?

Would you mind switching seats?

me 의자를 앞으로 조금 당겨주시겠어요?

Could you move your seat forward a little?

● 다음에 나오는 안전수칙 시연에 주목해 주십시오.

Please pay attention to the following safety demonstration.

● 좌석 앞에 비치되어 있는 안전카드를 살펴봐주십시오.

Please take a moment to look at the safety card located in your seat pocket.

● 이착륙시에는 모든 전자제품의 전원을 꺼주십시오.

Please switch off all electronic devices during take-off and landing.

● 손님, 창문덮개를 닫아 주십시오.

Sir / Ma'am, please close the window shade.

open 열어

me 펜을 빌려주시겠어요?

Could I borrow a pen?

get   a blanket 담요
some earplugs 귀마개
some headphones 헤드폰
an airsickness bag/a sick bag 멀미봉투
an(other) immigration form 입국신고서 한 장(더)

◉ 좌석을 원위치로 세워주십시오.

Please return your seat to the upright position.

◉ 트레이를 접어주세요.

Please fasten your tray table to the seat in front of you.

◉ 화장실이 비었습니다.

The bathroom is vacant.

occupied 찼습니다

◉ 현재 난기류의 영향을 받고 있습니다. 자리에 앉아 좌석벨트 표시등이 꺼질 때까지 벨트를 매 주시기 바랍니다.

We are experiencing turbulence. Please fasten your seat belt until the seat belt sign has been switched off.

◉ 거주자입니까? 방문객입니까? (도착 및 입국카드작성시)

Resident or visitor?

me 저는 채식주의 식단으로 미리 주문해두었습니다.

I pre-ordered a vegetarian meal.

● 면세품을 구입하시겠습니까?

Would you like to purchase any duty free items?

● 두 가지 메뉴가 준비되어 있습니다. 소고기와 면류 또는 닭고기와 밥입니다. 어느 것으로 하시겠습니까?

We have two specials today. Beef and noodles or chicken with rice. Which one would you like?

me 닭고기로 주세요.

Chicken, please.

● 음료는 무엇으로 하시겠습니까?

What would you like to drink?
What can I get you to drink?
Something to drink?

me 사과주스 주세요.

Some apple juice, please.

me 레드 와인 한잔 이면 됩니다. 고마워요.

A glass of red wine, thanks.

Travel Tip

매번 똑같은 사과 주스나 오렌지 주스가 아닌 뭔가 이국적인 것을 원한다면…?

GUAVA juice(구아바 주스) 는 어떨까! ^-^

me 속이 안 좋아요. 의사가 필요합니다.

I'm feeling sick. I need a doctor.

me 실례합니다. 제 TV가 고장 났어요. 다른 자리로 옮겨도 될까요?

Excuse me. My TV doesn't work. Could I move to
another seat?

> is broken

> radio 라디오
> entertainment system 미디어시스템
> remote control 리모콘

me (식사)쟁반 좀 치워주실래요?

Could you remove my tray?

me 이 쓰레기 좀 가져가 주실래요?

Could you take this trash?

me 식사 때 깨워주실래요?

Could you wake me for meals?

> duty free 면세품판매
> landing 착륙

me 비행시간이 얼마나 남았습니까?

What is the remaining time?

me 남은 거리가 얼마나 됩니까? (비행시간/거리를 물을 때)

How long do we have left?

> far 멀리

착륙 안내방송

We will soon be landing in JFK airport. The temperature is 23 degrees and the local time is about 1:35 PM.

곧 JFK 공항에 착륙하겠습니다. 기온은 23도이며 현지시각은 오후 1시35분입니다.

붐비는 레스토랑이나 시끄러운 기내에서 웨이터나 승무원을 부르는 일이 어려울 수도 있다. 사실 영어에서 누군가를 부를 때 쓰는 표현이 딱히 정해져 있는 것도 아니다. 따라서, call button (호출버튼) 이 보이지 않는다면, 크고 분명한 소리로 다음 표현들을 사용하여 사람을 부르면 된다.

Excuse me!

Waiter!　　　(식당에서)

Ms.　　　　　(여성일 때/ miss라고 발음)

Sir　　　　　(남성일 때 : 이 표현은 최근에는 거의 사용하지 않는 추세다. 대부분 Sir 라는 호칭이 너무 격식을 갖춘 것처럼 들린다고 생각하기 때문이다. 더군다나 서비스를 제공하는 사람을 부르기에는 지나친 감이 있다.)

'Ms.'와 'Sir'는 잘 모르는 사람을 만나거나 부를 때의 호칭으로도 쓰일 수 있다. 특히 상대가 본인보다 연장자인 경우에 사용한다.

경유, 환승 및 단기체류
Transit, Transfer & Stopover

Transit 경유

추가탑승이나 급유 등을 위해 어느 공항을 경유하는 것을 말한다. 이때 비행기에서 그대로 기다리는 경우와 비행기에서 나가서 기다리는 경우가 있다. 일단 나가서 기다리는 경우, 항공사 직원들이 그 비행기의 승객임을 입증하는 Transit card(경유 카드)를 주므로 잃어버리지 않도록 한다. 내릴 때는 귀중품만 가지고 내리되 Transit 표지판을 따라 가서 대기해야지 이 곳이 목적지인 승객들을 따라 Arrival(도착)으로 나가버리면 안 된다. 승객들은 탑승구 근처 대기실(transit point, transit area)에서 휴식을 취하거나 면세점에 들러 쇼핑을 할 수도 있다.

Transfer 환승

다른 비행기로 갈아타는 것이다. 비행기에서 내리면 탑승구에 항공사직원들이 들고 있는 Transfer(또는 Transit)라고 씌여진 안내판을 따라 나가 갈아탈 비행기의 편명을 모니터에서 조회하여 그 터미널 또는 게이트로 이동한다. 여기서는 출발지 공항에서 발급해 준 환승용 탑승권을 제시하면 된다. 보통 발권할 때 짐을 목적지까지 부치므로 중간에 짐을 따로 찾을 필요가 없다. 하지만 미국, 캐나다, 호주 등 국제선에서 국내선으로 갈아탈 경우, 국내선 입국수속, 짐찾기, 세관신고서제출 등의 절차를 모두 밟고 다시 카운터에서 짐을 부치고 보딩 패스를 받은 후 국내선 터미널로 이동하여 보딩할 게이트로 간다.

Stopover 단기체류

최종목적지로 가는 도중에 어느 도시에 내려 관광이나 쇼핑을 하며 며칠 체류하는 경우를 말한다. 단기체류는 일반 출입국과 똑같다. 머무르는 나라에 정식 입국수속을 하여 나간 후, 체류기간이 끝나면 다시 최종 목적지로 탑승권을 받아 출국하면 된다. 다시 출발할 때는 하루 전까지 항공사에 비행기를 다시 탄다는 재확인(reconfirm)을 해주는 것이 좋다.

도 착 · Arrival

a. 입국카드 작성하기 Disembarkation Card

도착지에 도착하면 입국카드 및 세관신고서를 제출해야 한다. 보통 목적지에 도착하기 전에 승무원이 나누어 주고 기내에서 작성하게 된다. 비록 나라마다 고유의 서류양식을 가지고 있기는 하지만, 대부분 다음 예시에서 보이는 항목들과 크게 다르지 않다. 더욱이 한국어 양식이 있기 때문에 작성하는 데 큰 어려움은 없을 것이다. 만약 궁금증이 생긴다면 승무원에게 도움을 청하도록 하자.

Sample of U.S. Disembarkation Card (미국 입국카드 샘플)

Admission Number

146720678 19

Arrival Record

1. Family Name
2. First (Given) Name
3. Birth Date(Day/Mo/Yr)
4. Country of Citizenship
5. Sex (Male or Female)
6. Passport Number
7. Airline and Flight Number
8. Country Where You Live
9. City Where You Boarded
10. City Where Visa Was Issued
11. Date Issued(Day/Mo/Yr)
12. Address While in the United States (Number and Street)
13. City and State

① Family name: 성
② First (Given) name: 이름
③ Birth date (Day/Mo/Yr): 생년월일(일/월/연)
④ Country of Citizenship: 국적
⑤ Sex(Male or Female): 성별(남/여)
⑥ Passport Number: 여권번호
⑦ Airline and Flight Number:
   항공사 및 항공편 번호
⑧ Country Where You Live: 거주 국가
⑨ City Where You Boarded: 탑승 도시
⑩ City Where Visa Was Issued: 비자 발행 도시
⑪ Date Issued (Day/Mo/Yr): 발행일
⑫ Address While in the United States
   (Number and Street): 미국체류지 주소
⑬ City and State: 도시와 주 이름

b. 입국심사 Immigration

입국심사에는 간단명료하게 답하는 것이 최선이다. 여권과 항공권, 입국카드를 미리 준비해두고, 방문목적, 체류기간, 직업, 체류지 등에 대한 질문을 받으면 똑똑히 대답한다. 장황하거나 불필요한 설명을 덧붙이지 말자. 그 사람들은 하루에도 수천 명의 승객을 상대해야 하므로 잘 준비된 서류와 대답으로 그들의 일을 수월하게 해 주면, 그들도 당신의 입국절차를 빠르게 처리해 주고 싶을 것이다.

◉ 여권을 보여주십시오.

Your passport, please.

me 네. 여기 있습니다.

Sure. Here you are.

◉ 국적은요?

Nationality?

me 한국인입니다.

Korean.

◉ 여기 얼마나 오래 있을 겁니까?

How long are you here for?

me 2주요.

Two weeks.

me 열흘이요.

10 days.

me 며칠만 머무를 거에요.

Just a few days.

● 업무차 방문인가요, 관광인가요?

For business or pleasure?

● 방문 목적이 무엇입니까?

What brings you here?
What's the purpose of your visit?

`me` 출장 온 겁니다.
I'm on a business trip.

`me` 관광이요.
Pleasure.
Sightseeing.
I'm a tourist.

`me` NY대학을 다니고 있습니다.
I'm studying at NY University.

`me` 교환학생입니다.
I'm an exchange student.

`me` 친구 만나러 왔습니다.
I'm visiting friends.

relatives 친척

me 전 영어를 못해요. 한국어 통역자가 필요합니다.

I don't speak English. I need a Korean interpreter.

○ 이곳 방문이 처음입니까?

Is this your first time here?

in the country 이 나라

me 아니요. 전에 휴가 차 왔었습니다.

No. I've been here on vacation before.

○ 체류지 주소는 어디입니까?

What address are you staying at?

me [적은 주소를 가리키며] 여기 뉴서울 호텔이요.

Here, the New Seoul Hotel.

me [적은 주소를 가리키며] 이 주소에서 머물 겁니다.

I'm staying at this address.

my friend's place 친구 집

me 오클랜드의 친척집에 머물 겁니다.

I'm staying with my relatives in Oakland.

○ 좋습니다. 미국에서 즐거운 시간 보내세요.

Ok. Enjoy your stay in America.

비자분류 Sorting out Visas

여행을 하기 위하여 여권 다음으로 중요한 것은 바로 비자(visa)다. 비자는 그 나라의 출입을 허락하는 증서로 나라마다 각기 다른 비자규정들이 있다. 따라서 여행에 앞서 대사관을 통해 규정들을 체크하는 것이 중요하다.

만일 당신이 휴가차 여행을 떠나는 것이라면 관광비자(Tourist Visa)를, 그 나라에서 장기간 거주의 계획이 있다면 취업비자(Employment Visa), 학생비자(Student Visa), 또는 주거비자(Residence Visa : 미국에서는 영주권자를 통상 Green Card holder. 라고 부름) 등을 구비해야 한다.

요즘에는 비자를 대체하거나 발급받는 방식들이 다양해지고 있는 것 같다. 예를 들어 어떤 나라에는 비자면제프로그램(visa waiver programs)이 있어서 여행 전에 전자양식(electronic form)을 작성하기만 하면 된다.

어떤 곳에서는 도착하는 공항에서 비자를 신청하면 되는 곳도 있다. 예를 들어 상하이에서 단기체류(stop over)시, 48시간 통과사증(transit visa)을 발급받으면 이틀 동안 도시에 체류할 수 있게 해준다. 경우에 따라서는 이런 방식들이 복잡하게 여겨질 수 있기 때문에, 여행 전 관련 정보들을 미리 조사해두는 일이 중요하다.

me 제 비행기가 KE107이었는데요. 짐을 어디서 찾죠?

I was on flight KE 107. Where is my luggage?

me 제 짐은 어느 트랙에서 나오나요?

What belt is my luggage on?

● 트랙 B7에서 나옵니다.

It's on track B7.

carousel 회전식 컨베이어

me 수하물 싣는 카트는 어디에 있습니까?

Where can I find a baggage cart?

me 제 짐이 안보여요. 35분이나 기다렸거든요.

I can't find my luggage. I've been waiting for 35 minutes.

● 항공기 번호가 몇 번이었나요?

Which flight were you on?

출입국

● 항공사와 항공기번호를 알려주시겠습니까?

May I have your airline and flight number?

me 서울발 KE107번이요.
Flight KE 107 from Seoul.

● 손님의 수하물인환증을 보여주시겠습니까?

May I see your baggage claim tag?

me 여기 있어요.
Here you go.
Here you are.

● 네. 잠시만 기다려주세요.

Ok, just a moment please.

● 이 양식을 작성해주십시오. 수하물을 찾는 대로 연락 드리겠습니다.

Fill out this form. We will contact you as soon as we find your luggage.

Travel Tip

짐을 수월하게 찾기 위해서는 가방에 자기만의 이름표(nametag)나 눈에 띄는 스티커를 부착해놓으면 좋다. 혹시 미리 준비하지 못했다면, 체크인카운터에 공업용테이프(industrial tape)이라도 달라고 해서 가방을 테이핑하면 안전뿐 아니라 다른 유사한 가방들 속에서의 구별 또한 용이해진다.

d. 세관검사 Customs Declaration

짐을 다 찾았으면 세관원에게 기내에서 작성한 세관신고서를 준다. 신고할 물품이 있으면 하고 없으면 "Nothing to declare."라고 말하면 된다. 일반 관광객이면 보통 검사 없이 그대로 통과한다. 세관원은 식품이나, 의약품, 각종 밀수품 등 자국에 유해한 물품들이 있는지 확인한다.

◉ 신고할 물품이 있나요?

Any items to declare?

◉ 국제 교류법을 위반할 만한 불법 품목들을 소지하고 있습니까?

Are you carrying any (illegal) items that violate international traffic laws?

me 제가 이 컴퓨터를 샀는데요. 이거 때문에 돈을 지불해야 하나요?

I bought this computer. Do I have to pay anything on it?

◉ 손님 가방을 조사해야겠습니다. 이쪽으로 오시지요.

We have to inspect your bag.
Come over here, please. (Step this way, please.)

◉ 이건 뭐죠?

What is this?

🆖 곶감입니다. 친구 선물용이에요.
Some dried persimmons.
It's a gift for my friend.

◉ 외래과일이나 육류는 이 나라에 가지고 들어갈 수 없습니다.

You can't bring foreign fruits or meats into the country.

🆖 죄송합니다. 몰랐어요.
Sorry, I didn't know that.

◉ 좋습니다. 조사가 끝났습니다.
이 권리포기 서류에 사인해 주십시오.

Ok. The inspection is through.
Please sign this waiver form.

e. 공항에서 나가기 Leaving Airport

me 관광안내부스가 어디에 있죠?

Where is the tourist information booth?

me 시내로 가는 가장 빠른 방법은 무엇인가요?

What is the fastest way to get downtown?

easiest 쉬운   cheapest 싼

me 메인 스트리트로 가려면 무슨 버스를 타야 하나요?

What bus should I take to go to Main Street?

me 힐튼 호텔로 가는 셔틀버스는 어디서 타나요?

Where is the shuttle for the Hilton hotel?

Hertz rental cars 허츠 렌터카
downtown 시내

me 셔틀버스가 어디서 출발하죠?

Where does the shuttle bus depart from?

me 버스 정류소가 어디에요?

Where is the bus stop?

1. DEPARTURE

1   Does this shuttle go to the domestic terminal?

2   Can I take this escalator to the arrivals terminal?

3   Can I take this through the security check?

4   Is there a shower room in this airport?

prayer room / sleeping room 기도실 / 수면실

5   I need to stay overnight in the airport. Is there somewhere safe to sleep?

6   My flight has been cancelled. Where should I go for assistance?

해석

출발

1   이 셔틀이 국내선 터미널까지 가나요?
2   입국 터미널까지 가려면 이 에스컬레이터를 이용하면 되나요?
3   이것을 가지고 보안검사를 통과해도 되나요?
4   공항에 샤워실이 있나요?
5   공항에서 하루밤 머물러야 합니다. 잠잘 수 있는 안전한 곳이 있나요?
6   제 항공편이 취소 되었습니다. 도움을 받으려면 어디로 가야 하나요?

2. ARRIVAL

1 I need a cart to drive me to the gate.

2 Is it possible to leave this gate and come back again?

3 Can I store my luggage / pets at the airport?

4 I need to buy some ziplock bags for my toiletries.

5 No baggage carts allowed past this point.

6 Please do not leave any luggage unattended.

해석

도착

1 저를 게이트까지 태워 줄 카트가 필요합니다.
2 이 게이트로 나갔다가 다시 들어올 수 있나요?
3 제 짐/애완동물을 공항에 맡길 수 있을까요?
4 세면(미용)용품을 넣을 지퍼 비닐백을 사야겠어요.
5 이 지점을 지나면 수화물 카트를 사용하실 수 없습니다.
6 수화물을 방치한 채 두지 마세요.

Thomas' 말하기 쓰기
Exercises 다음의 단어들을 어순에 맞게 배열하세요. [Sample 답안 322–323p.]

❶ you switching seats do mind?

➡ _____

❷ your I see claim may tag baggage?

➡ _____

❸ minutes by your will be flight delayed forty.

➡ _____

❹ meals wake could me for you?

➡ _____

❺ seat please position return to your upright the.

➡ _____

❻ carrying you illegal are items any?

➡ _____

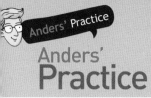

❶ 비행기 안에서 여러분의 좌석에 다른 승객이 앉아있습니다. 그들에게 뭐라고 말하겠습니까?

➡ _____

_____

_____

_____

❷ 짝과 함께 차례로 세관 검사관과 여행객의 역할을 해보세요. 입국하는 여행객에게 입국하는 목적과 얼마 동안 머무를 것인지 그리고 여행의 목적이 무엇인지를 물어보세요.

➡ _____

_____

_____

_____

공항 및 기내 관련 어휘

• 미디어 시스템	entertainment system
• 기내 선반	overhead compartment / cabin
• 식사용 테이블	tray table[trei téibl]
• 창문덮개	window shade[ʃeid]
• 안전벨트	seatbelt[síːtbèlt]
• 독서등	reading light[ríːdiŋ lait]
• 호출버튼	call button[kɔːl bʌ́tən]
• 구명조끼	life vest[vest] / life jacket
• 안전수칙 시연	safety demonstration
• 산소마스크	oxygen mask[ɑ́ksidʒen]
• 멀미	motion sickness / airsickness
• 베개	pillow[pílou]
• 담요	blanket[blǽŋkit]
• 안대	eye mask / sleep mask
• 통로	aisle[ail]
• 창가 / 중앙 / 복도 좌석	window / middle / aisle seat
• 화장실	lavatory[lǽvətɔ̀ːri]
• 비상구	emergency exit[imə́ːrdʒənsi éɡzit]
• (화장실) 사용중	occupied[ɑ́kjupàid]
• (화장실) 비어있음	vacant[véikənt]

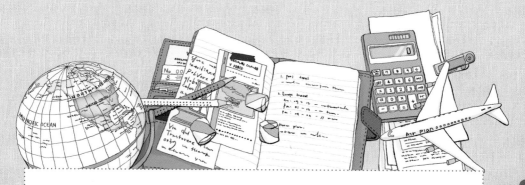

• 기장	captain[kǽptən]
• 승무원	flight attendant[əténdənt]
• 무료의	complimentary[kàmpləméntəri]
• 세관신고서	customs declaration[dèkləréiʃən]
• 시차로 인한 피로	jetlag[dʒétlæg]
• 면세점	duty-free shops
• 면세품	duty-free items
• 터미널 / 중앙홀	terminal / concourse[kánkɔːrs]
• 셔틀버스	shuttle bus[ʃʌtl bʌs]
• 지연	delay[diléi]
• 입국카드	disembarkation[disèmbaːrkéiʃən] card / entry card
• 화장품	toiletries[tɔ́ilitri]
• 술	liquor[líkər]
• 음료	beverage[bévəridʒ] / drink
• 이륙	take-off / departure[dipártʃər]
• 착륙	landing
• 휴대폰	mobile phone / cell phone
• 짐꾼	porter[pɔ́ːrtər]
• 관광	sightseeing[sáitsiːiŋ]

여행이나 갈까?

국가마다 발달된 교통수단이 다르기 때문에 미리 여행지의 교통 환경을 알아놓고 출발하면 도움이 된다. 미국의 경우, 한국만큼 대중교통이 잘 발달되어 있지 않아서 여행자들은 주로 렌터카(rental car)를 이용한다.

하지만 뉴욕이나 워싱턴 DC 등 시내에서는 도로가 혼잡하므로 지하철이나 버스를 이용하는 게 편리하다. 렌터카나 지하철, 버스, 택시 및 기차 등 교통수단과 관련된 표현을 익혀보도록 하자.

교통

Transportation

Transportation

Unit 1 · 렌터카 이용하기 • Using Rental Cars

a. 차 렌트하기 Renting a Car

me 8일 동안 차를 렌트하고 싶습니다.

I'd like to rent a car for 8 days.

me 하루에 얼마죠?

What's the daily rate?

me 총 금액이 얼마입니까?

How much is it altogether?
How much will the total be?

● 어떤 종류의 차량을 원하시나요?

What kind of vehicle would you like?

me 가족용 승합차요.

A family vehicle.

me 연비 좋은 차요.

A vehicle with good mileage.

me 스포츠카요. 최신모델이면 좋겠습니다.

A sports car, preferably a new model.

◉ 무슨 색의 차를 원하세요?

What color do you want?

> me 아무 색이나 괜찮아요.
> **Any color** is fine.
>
> Black 검정이요.   Red 빨강이요.

◉ 자국 운전면허증과 신분증을 보여주시겠어요?

May I see your domestic driver's license and ID?

me 이 차에 네비게이션이 장착되어 있습니까?

Does this car come with GPS?

◉ 추가로 별도의 보험을 드시겠습니까?

Would you like to purchase any supplemental insurance?

> me 괜찮습니다. 일반보험이면 충분해요.
> No thanks, regular insurance is enough.
>
> me 네. 종합보험으로 하고 싶습니다.
> Yes, I'd like full insurance coverage.

◉ 여기 키를 받으세요. 반환할 때 연료가 가득 차있는지를 체크합니다.

Here are your keys. You must bring it back for inspection with a full tank.

국제운전면허증 International Driving Permit

International Driving Permit (IDP) 이란 자국에서 유효한 운전면허증을 소지하고 있음을 확인해주는 국제적으로 승인된 서류를 말한다. 그렇다고 이 증서가 운전면허증을 대체해주는 것은 아니므로 본인의 국내면허증도 함께 가지고 있어야 한다. 이 증서는 국내 운전면허증의 영어번역본 역할 및 차량 렌트시에 필요하며, 해외에서 면허증과 관련된 언어상의 문제에 도움이 되는 서류 정도로 이해하면 좋다. 국제면허증은 운전면허시험장에서 발부 받을 수 있다. 1년간 유효하며 7,000원정도의 수수료가 청구된다.

교통

me 여기서 얼마나 오래 주차할 수 있나요?

How long can I park here?

● 여기에 주차하면 안됩니다.

You can't park here.

● 이 곳은 장애인주차구역입니다.

This spot is reserved for drivers with disabilities.

● 소방구역에 주차하셨습니다.

You are parking in a red zone (fire zone).

by a fire hydrant 소화전주변
in an unload zone (버스 등의) 하차구역

● 주차는 오전 9시부터 오후 7시까지만 허용됩니다.

Parking is only allowed between 9a.m. and 7p.m.

me 여기 미터기로 계산하는 주차구역인가요?

Is this a metered parking space?

me 주차 미터기가 어디에 있죠?

Where is the parking meter?

me 주차관리인 좀 불러주세요.

Can I speak to a parking attendant?

traffic warden [U.K.]

me 보통으로 넣어주세요.

Fill it/her up with regular.

premium 고급유   diesel 경유

me 보통휘발유로 40달러만큼 채워주세요.

Give me 40 dollars worth of regular.

me 주유펌프가 작동하지 않아요.

The gas pump won't start.

me 냉각수 좀 체크해주실래요?

Can you check the water level?

engine oil 엔진오일
tire pressure 타이어 공기압
spark plug 점화플러그
radiator fluid 부동액

me 여기 화장실이 있나요?

Do you have a bathroom?

a pay phone 공중전화   an ATM 현금인출기

• 네. 프론트 밖에 있어요.

Yes, it's out front.

in the back 뒤쪽에

주유소의 서비스 종류
Gas Station Services

주유소(gas station)에 따라 세가지 종류로 서비스가 분류되어있는 경우, 그 중에 하나를 선택해야 한다.

Full Service

종업원이 나와서 직접 주유를 해준 후 전면 창을 닦아주거나(wiping the windshield) 엔진 오일 및 공기압 등을 점검(checking the vehicle's oil level and tire pressure) 해주는 종합서비스를 말한다.

Minimum Service

종업원이 주유만 해주는 서비스를 말한다.

Self-Service

운전자가 직접 주유구에 주유펌프를 넣고 표지판에 적힌 안내와 순서에 따라 주유를 하는, 말 그대로 셀프서비스이다. 미국의 경우 셀프서비스만 있는 경우가 대부분이다. 주유소에 따라서 서비스 별로 각각 다른 라인이 정해져 있기도 하다. 그 라인에 따라 가격차가 크기 때문에 주유소 진입 전에 어떤 서비스를 받을 것인지 확인하도록 하자.

me 여기 제한속도가 몇이지요?

What is the speed limit here?

○ 과속하셨습니다. 75마일 구역에서 90마일로 달리셨군요.

You were speeding. You were doing 90 in a 75-mile zone.

○ 면허증과 차량등록증을 보여주십시오.

Driver's license and registration, please.

○ 불법주차로 티켓을 발부합니다.

I'm giving you a ticket for parking illegally.

> making an illegal U-turn 불법유턴으로
> running a red light 정지신호 무시로

○ 차에서 내리세요. 음주운전이 의심됩니다. 음주측정기를 불어보세요.

Please step out of the vehicle. You are suspected of drunk driving. Breathe into this breathalyzer.

me 제가 뭘 잘못했지요, 경관님? 제한속도 이하로 달렸어요.

What did I do wrong, officer? I was under the speed limit.

me 경관님, 좀 봐주세요. 전 이 지역사람이 아니라고요.

Officer, please go easy on me. I'm from out of town.

이번엔 경고조치만 하고 보내드리겠습니다.

I'm going to let you off with a warning.

me 제 차가 견인되었어요. 이제 어떡하죠?

My car has been impounded. What do I do now?

clamped 클램프에 물려버렸어요

(※참고 : 일부 나라에서는 불법주차 차량을 움직이지 못하게 하기위해 죔쇠(clamp)를 채우는 제도가 있음.)

me 시청으로 가는 길을 아세요?

Do you know the way to City Hall?

directions 방향

me 고속도로로 진입하려면 몇 번 출구로 나가야 합니까?

Which exit should I take to get to the freeway?

● 212번 출구로 나가서 I90 West 로 진입하세요.

Take exit number 212 to get on to the I90 West.

me 가장 가까운 갓길 응급전화기가 어디에 있나요?

Where is the nearest roadside emergency telephone?

me 견인차가 필요합니다.

I need a tow truck.

auto assistance 차량 구조작업

me 제 차가 주(state)간 고속도로 15 에서 고장 났어요.

My car broke down on Interstate 15.

me 타이어가 펑크 났어요.

I have a flat tire.

교통

me 배터리가 나갔어요.

My battery is dead.

me 시동이 안 걸려요.

The engine won't start.

me (고속도로상에서) 가장 가까운 출구가 어디죠 (번호가 뭐죠)?

What is the nearest exit (number)?

● 갓길에 차를 대시고 비상등을 켜주십시오.

Please drive to the side of the road and turn on your hazard lights.

● 20분 내에 도착합니다.

We'll be there in 20 minutes.

● 되도록 빨리 수리차량(정비사)을 보내드리겠습니다.

We'll send a repair truck (mechanic) as soon as possible.

me 주유통이랑 깔때기 좀 빌릴 수 있을까요?

Can I borrow a gas can and funnel?

> some starter cables 스타터 선
> a road map 지도
> your cell phone 휴대폰

지하철 및 기차 타기 • Subway & Train

me 알링턴 역에 어떻게 가나요?

How do I get to Arlington station?

me 센트럴 파크에 가려고 합니다. 몇 호선을 타야 하나요?

I want to go to Central Park. What line should I take?

교통

me 무슨 역에서 내려야 하나요?

What station should I get off at?

me 갈아 타야 하나요?

Do I have to transfer?

me 어디서 갈아타죠?

Where do I transfer?

me 무슨 역에서 갈아타나요?

What station do I transfer at?

me 여기서 얼마나 걸릴까요?

How long will it take from here?

me NY 호텔에서 JFK 공항까지 얼마나 걸리나요?

How long does it take from the NY Hotel to JFK Airport?

me 표는 어디서 사나요?

Where can I buy a ticket?

travel card 여행카드

me 어떤 길이 더 빠른가요?

Which way is faster?

more convenient 더 편안한

me 요금이 얼마에요?

How much is the fare?

me 표 값이 얼마죠?

How much is the ticket?

me 얼마가 들까요?

How much will it cost?

● 표를 지하철 개찰구에 있는 구멍으로 넣어주세요.

Place your ticket in the slot at the turnstiles.

me 몇 번 출구로 <u>나가야</u> 하나요?

What exit number should I go to?

exit from

● 이 역은 마지막 <u>정거장</u>입니다. 내리셔서 다른 노선으로 갈아타주시기 바랍니다.

This is the final stop. Please exit and transfer to another line.

station

me 이 기차는 몇 개의 역에 정차하나요?

How many stops does this train make?

me 이 기차는 얼마나 많은 도시들을 정차하나요?

How many cities does this train stop in?

me 침대 칸이 있습니까?

Do you have any sleeping compartments?

● 피닉스 행 고속철도 손님께서는 지금 <u>5번 플랫폼</u>에서 승차하여 주십시오.

The express train for Phoenix is now boarding at platform number 5.

> track number 5 5번 트랙

택시 타기 · Taxi

◎ 어디로 가세요?

Where to, Sir/Ma'am?

me 뉴서울 호텔이요.
New Seoul Hotel, please.

me 제가 짐이 있는데 좀 도와주시겠어요?

Could you help me with my bags?

me 트렁크 좀 열어주실래요?

Could you open the trunk?
pop

me 미터기를 사용해주세요.

Please use the meter.
start

me 기본요금이 얼마죠?

How much is the starting fare?

교통

87

me 여기서부터 대략 얼마 정도 나올까요?

Approximately how much will it be from here?

me 에어컨 좀 켜 주시겠습니까?

Could you turn on the air-conditioning?

off 꺼   up 올려   down 내려

me 좀 빨리 갑시다.

Go a little faster, please.

me 제가 바빠서요. 10분내로 거기에 도착해 주실 수 있나요?

I'm in a hurry. Can you get me there in 10 minutes?

me 여기에 세워주세요. 여기서 내릴게요.

Stop here. I'll get out here.

pull over 정차하다

me 영수증을 발행해주시겠어요?

Can you print out a receipt for me?

me 잔돈은 됐습니다.

Keep the change.

tip 봉사료

me 저도 시내로 가는데요. 저랑 택시 같이 타고 가실래요?

I'm going downtown too. Do you want to share a cab?

me 어느 버스가 시내로 가나요?

Which bus goes downtown?

me 이 버스가 시내로 가나요?

Does this bus go downtown?

me 유니언 스퀘어 파크 가는 티켓 하나 주세요. 얼마죠?

One ticket for Union Square Park, please. How much is it?

· 1달러45센트입니다.
One forty five.

◉ 그 지폐를 바꿔줄 잔돈이 없어요. 돈을 맞춰서 준비해주세요.

I don't have change for this bill. You need exact change.

● 그 여행카드는 사용하실 수 없습니다. 그건 지하철에서만 쓸 수 있는 카드에요. 표를 따로 사셔야 합니다.

You can't use that travel card. It's for subways only. You need to buy a ticket.

me 여기서 몇 정거장이나 가나요?

How many stops is it from here?

me 정거장 안내방송 좀 틀어주실래요?

Could you announce the stop (over the loudspeaker)?

me 거기에 도착하면 좀 알려주시겠어요?

Could you let me know when we get there?

me 버스노선도가 있습니까?

Do you have a bus map?

me 첫 번째 전철이 몇 시죠?

What time is the first subway?

last 마지막
next 다음

train 기차
express bus 고속버스

● 15분 간격으로 출발하는 버스가 있습니다.

There's a bus leaving every fifteen minutes.

● 다음 버스는 3시 25분에 떠납니다.

The next bus leaves at 3:25.

1　Can I drop the car off at a branch in another city?

2　My domestic driver's license is from Korea.

3　The rental car got a scratch / dent.

4　Someone bumped into me in the parking lot.

5　I accidentally locked my keys in the car.

6　This traffic jam is terrible! The street is gridlocked right now.

해 석

1　차를 다른 도시에 있는 지점에 반납해도 되나요?
2　저는 한국의 운전면허증이 있습니다.
3　렌터카에 흠집/패인곳이 있네요.
4　주차장에서 누군가 제 차를 들이 받았어요.
5　실수로 열쇠를 차에 두고 문을 잠갔어요.
6　교통체증이 심하네요! 지금 길이 속수무책으로 꼼짝도 못하게 됐네요.

2.

1 How do I recharge this travel card?

2 [지하철에서] Please, have a seat. / Would you like my seat?

3 What stop is this? Is this Church Avenue Station?

4 How long is the train delayed?

5 Let's move to the next compartment. This one is packed!

6 I fell asleep and missed my stop. What should I do now?

교통

해석

1 이 여행카드를 어떻게 충전하나요?
2 (지하철에서) 앉으세요. 제 자리에 앉으시겠어요?
3 여기가 무슨 역인가요? 여기가 처취 애비뉴 역인가요?
4 기차가 얼마나 연착되나요?
5 옆 칸으로 갑시다. 이곳은 사람이 너무 많네요!
6 제가 잠이 들어서 정류장을 놓쳤어요. 어쩌지요?

Thomas' 말하기 쓰기
Exercises 다음 문장의 밑줄 친 부분에 알맞은 단어를 쓰세요. [Sample 답안 324-325p.]

❶ What kind of _____ would you like?

어떤 종류의 차량을 원하시나요?

❷ Would you like to purchase any supplemental _____?

추가로 별도의 보험을 드시겠습니까?

❸ (택시에서) How much is the starting _____?

기본 요금이 얼마입니까?

❹ I'm going to let you off with a _____.

이번엔 경고조치만 하고 보내드리겠습니다.

❺ What station do I _____ at?

무슨 역에서 갈아타나요?

❻ Could you turn on _____?

에어컨 좀 켜 주시겠습니까?

❼ This spot is reserved for drivers with _____.

이 곳은 장애인 주차 구역입니다.

❽ What did I do wrong, officer? I was under the _____.

제가 뭘 잘못했지요, 경관님? 제한속도 이하로 달렸어요.

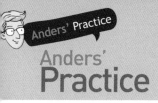
❶ 여러분은 휴가 동안 렌터카를 사용하려고 합니다. 렌터카 회사에 여러분이 원하는 차량의 종류, 얼마 동안 렌터카가 필요한지, 어디에서 차를 받아서 어디에서 반환할지 등을 말하세요.

➡ _____

_____

_____

_____

❷ 장거리 버스 혹은 기차표를 예매해보세요. 여러분의 목적지, 여행 시간, 몇 장의 티켓이 필요한지, 그리고 어느 플랫폼에서 버스가/기차가 출발하는지를 반드시 이야기 하세요.

➡ _____

_____

_____

_____

교통

VOCABULARY

교통 관련 어휘

• 승용차	sedan[sidǽn]
• 스테이션 왜건	station wagon[stéiʃən wǽɡən]
• 소형차	compact car[kámpækt]
• 중형차	mid-size car
• 대형차	large car / full-size car
• 고급차	luxury car[lʌkʃəri]
• 스포츠카	convertible[kənvə́:rtəbl]
• 미니밴(다인승 승합차)	SUV / minivan
• 캠핑카	RV / motor home
• 오토(자동기어변속)	automatic drive[ɔ̀:təmǽtik]
• 수동	stick / gear shift / manual
• 클러치	clutch[klʌtʃ]
• 브레이크	brake pedal[breik pédl]
• 잠김 방지브레이크	anti-lock brake[ǽntai-lak breik]
• 와이퍼	windshield wiper[wíndʃi:ld]
• 사이드 미러	side view mirror[said vju: mírə(r)]
• 백 미러	rearview mirror[riərvju: mírə(r)]
• 렌트비	rental fee[réntl]
• 보증금	deposit[dipázit]
• 종합보험	full coverage insurance

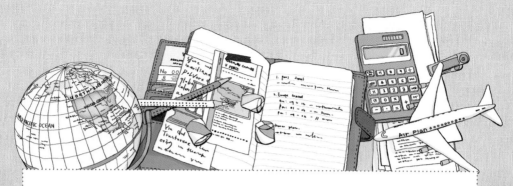

• 요금	fare[fɛər]
• 경로	route[ruːt]
• 터미널	terminal[tə́ːrmənl]
• 버스정거장	bus stop
• 종착정거장	final stop[fáinl stap]
• 종착역	final station
• 신호등	traffic light[trǽfik lait]
• 교차로	crossroad / intersection[intərsékʃən]
• 횡단보도	crosswalk / pedestrian crossing
• 원형교차로 / 로터리	roundabout / rotary / traffic circle
• 속도제한	speed limit[límit]
• 주간고속도로	interstate[íntərəstid] / freeway
• 고속도로	highway / expressway
• 다인승 전용차선	carpool lane[kɑːrp lein]
• 고속버스	express bus[iksprés bʌs]
• 고속열차	express train
• 매표소	ticket counter
• 매표기계	ticket machine[tíkit məʃíːn]
• 도착하다	arrive[əráiv]
• 출발하다	depart[dipɑ́ːrt]

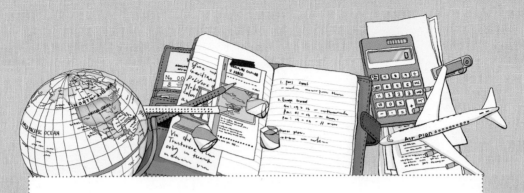

• 환승	transfer [trænsfə́ːr]
• 지체 / 지연	delay [diléi]
• 출구	exit [égzit]
• 톨게이트 요금소	toll booth [toul buːθ]
• 잔돈	change [tʃeindʒ]
• 견인하다	impound / tow [impáund / tou]

미국 기차여행 AMTRAK

여행하면 아무래도 기차를 타고 떠나는 것만큼 낭만적인 것이 또 있을까? 도심을 떠나 푸른 숲 속과 개울가를 지나 '칙칙폭폭' 달리는 기차 안에서 여유로이 자연을 만끽할 수 있다.

미국의 대표적인 기차는 '앰트랙(AMTRAK)'이다. 이는 America와 track을 합친 말로, 1970년 항공산업과 자동차의 발달로 철도업계가 재정난에 허덕이자 미국 정부가 전국철도여객협회를 창설해 탄생하게 되었다. 앰트랙을 타면 미 전역 500여개 도시뿐만 아니라 캐나다 까지도 여행할 수 있다. 짧은 기간 안에 많은 곳을 구경하고 싶은 여행객에게 유용하다.

앰트랙 안에는 넓직한 짐 보관대와 자전거 거치대 등 편리한 시설이 잘 갖춰져 있을 뿐만 아니라 장기간 여행자를 위한 침대칸, 샤워실, 카페, 식사칸 등도 마련돼 있다.

표 구매는 인터넷(www.amtrak.com)으로 예약하고 카드로 지불한 다음 출발일 해당 역에서 종이 티켓을 받는다. 좌석은 미리 지정(reserved)할 수도 있고 여행 당일 선택할 수도 있다.

시니어, 학생, 어린이 할인과 매주, 계절별로 각종 프로모션이 진행된다. 특히 레일 패스를 이용하면 싼 값에 미 전역과 캐나다까지 티켓 한 장으로 여행할 수 있다. 15일($389), 30일($579), 45일($749) 중 선택할 수 있다.

교통

숙소를 찾아라!

한나절 관광을 즐긴 후에는 제대로 실만한 괜찮은 숙소를 선택하는 것도 중요하다. 물론 가격, 숙소타입, 개인적 요구사항 및 위치에 따라 선택의 범위는 넓다. Hotel, Motel, Youth Hostel(유스호스텔), Boardinghouse/Pension(하숙 / 민박), Bed and Breakfast(아침 식사 제공 숙박) 또는 장기체류를 위한 Home Stay(홈스테이)까지 숙박의 종류는 다양하다.

여행이나 갈까?

호텔 및 호스텔

Hotels and Hostels

Hotels and Hostels

a. 체크인 Check-In

me 방 있습니까?

Do you have any available rooms?

me 체크인 하려고요.

I'd like to check in.

◉ 예약하셨습니까? 성함과 예약번호를 주십시오.

Do you have a reservation? Name and reservation number, please.

me 1인용 방으로 주세요.

I'd like a single room.

> a double room 2인용 방
> a room for four 4인용 방

◉ 싱글 침대가 구비된 방이 있습니다.

We have a room with a single bed (90×200cm).

> double bed (135×190cm) 더블 침대
> queen-sized bed (150×200cm) 퀸 침대
> king-sized bed (180×200cm) 킹 침대
> a twin bed 1인용 침대 한개 (미국)
> twin beds 1인용 침대 두개

103

● 바닷가 전망룸은 190불이고 일반룸은 165불입니다. 어떤 룸으로 하시겠습니까?

We have an ocean front room for $190 and a standard room for $165. view
Which one would you like?

● 흡연룸이요, 금연룸이요?

Smoking or non-smoking room?

● 지금은 빈 방이 없습니다.

There are no rooms available. There is no vacancy at the moment.

● 이 양식을 작성해주십시오. 여기에 대문자로 성함과 사인을 해주세요.

Fill out this form please. Please print your name and sign here.

● 얼마나 오래 머무십니까?

How long will you be staying?

● 며칠 동안 머무십니까?

How many days will you be staying?

me 이 항목은 뭔가요?

What is this for?

열쇠보증금 입니다. 체크 아웃하실 때 돈은 반환됩니다.

It's a key deposit. You will get the money back when you check out.

손님 객실은 3125호 입니다. 왼편의 엘리베이터를 타셔서 3층으로 가세요.

Your room is number 3125. Please take the elevator on your left to the third floor.

호
텔

`me` 체크아웃은 몇 시죠?

What time is checkout?

`me` 7시 30분에 모닝콜을 요청하고 싶은데요.

I'd like to order a wake-up call for 7:30 AM.

`me` 방을 바꾸고 싶은데요.

I'd like to change rooms, please.

`me` 이건 제가 예약했던 방이 아닙니다.

This is not the room I reserved.

`me` 이 방은 너무 작네요.

This one is too small.

`me` 방이 더러워요.

The room is dirty.

`me` 방이 너무 추워요.

It's freezing in there.

me 에어컨이 작동하지 않아요.

The air conditioner doesn't work.

me 옆 방의 투숙객들이 너무 시끄러워요.

The neighbors are too noisy.

me 뜨거운 물이 안 나와요.

There's no hot water.

me 방에 빈대가 있어요.

There are bed bugs in the room.

flies 파리   cockroaches 바퀴벌레

me 하루 더 묵을 수 있나요?

Can I stay for one more night?

me 더 큰 방으로 업그레이드 할 수 있나요?

Can I upgrade to a bigger room?

me 3일간 체류기간을 연장하고 싶습니다.

I'd like to extend my stay for 3 nights.

가능한지 확인해보겠습니다.

Let me check the availability.

침구류 Bedding

여행 중에는 잘 자는 일도 중요하다. 만일 베개나 이불이 부족하거나 추가분이 필요할 경우, 아래 단어들을 활용하자.

- mattress 매트리스
- bed sheets 침대시트
- pillow and pillowcase (a 'soft' 또는 a 'firm' pillow)
  베개 및 베갯잇 (푹신한 또는 딱딱한 베개)
- blanket : duvet (U.K.), comforter (U.S.) 담요(이불)
- pull-out bed : sofa bed 소파베드 (소파겸용 접이식 침대)

아이들이 있다면 'bunk bed'(2단 침대)를 선호할 것이다. 하지만 영유아라면 'crib'(유아용 침대/미국) 또는 'cot'(소아용 침대/영국)이 필요할지도...

---

c. 서비스 및 편의시설 Services & Amenities

me 세탁 서비스가 있나요?

Do you have a laundry service?

a swimming pool 수영장　　a fitness room / gym 헬스장
a spa 스파　　a sauna 사우나

me 요금에 아침식사가 포함되나요?

Does the price include complimentary breakfast?

Travel Tip

대부분의 호텔들이 Continental breakfast를 제공한다. 이는 보통 다양한 종류의 빵과 페이스트리류, 치즈와 살라미나 햄과 같은 가공육에 씨리얼, 요거트, 과일 및 경우에 따라서는 삶은 계란이 함께 서빙되는 상대적으로 가벼운 아침식사를 말한다. 이와 반대로, 다소 푸짐한 아침식사는 Intercontinental breakfast라고 하며 보통 아메리칸 스타일의 아침식사를 일컫는다.

me 아침식사는 몇 시부터죠?

What time is breakfast served?

me 베개 하나 더 받을 수 있을까요?

Could I get an extra pillow?

an ironing board 다림질 판　　a pair of slippers 슬리퍼

me 짐이 좀 많아서 도움이 필요합니다. 벨보이가 있나요?

I need help with my bags. Is there a bellhop?

me 체크아웃 하려고 합니다.

I'd like to check out.

● 객실요금은 100달러입니다.

Your room fee comes to 100 dollars.

호텔

● 수영장에서 타월은 무료로 사용하실 수 있습니다.

Towels are available for free at the pool.

● 수영장에 들어가기 전 샤워는 필수입니다.

All guests must shower before entering the pool.

● 자판기와 얼음기계는 각 층마다 구비되어 있습니다.

Vending machines and ice machines are located on each floor.

● 소방로는 엘리베이터 옆에 있습니다.

The fire escape is located next to the elevator.

emergency exit 비상구

● 청소서비스를 원치 않으시면 "방해하지 마세요" 사인을 문고리에 걸어 주십시오.

Please hang the "Do not disturb" sign on the door if you don't want maid service.

● 호텔 편의시설과 서비스를 원하시면 안내책자를 참고해주십시오.

Please read this guide for a list of the hotel's amenities and services.

호스텔 · Hostels

a. 체크인 Check-In

me 화장실이 어디죠?

Where is the bathroom?

· 2층에 있어요.

It's on the second floor.

· 남자화장실은 1층, 여자화장실은 3층입니다.

The men's bathroom is on the first floor, and the women's bathroom is on the third.

me 방에 화장실이 딸려있나요?

Does this room have its own bathroom?

shower 샤워부스　kitchen 부엌

me 무선인터넷 접속암호가 뭐죠?

What is the password for the WIFI?

me 제가 키를 잃어버린 것 같은데요.

I think I've lost my key.

me 방 키를 못 찾겠어요.

I can't find my room key.

호
텔

me 침대 시트가 더럽네요. 좀 바꿔주시겠습니까?

My bed sheets are dirty. Could you change them, please?

me 문이 안 잠겨요.

The lock isn't working.

me 변기가 고장 났어요.

The toilet is broken.

me 변기가 넘쳐요.

The toilet is overflowing.

me 물이 안 내려가요.

The toilet won't flush.

me 소변기에서 악취가 나요.

The urinal stinks.

me 오늘 투숙객들 중에 한국인도 있나요?

Are there any other Koreans staying here tonight?

me 이번 주에 운영되는 어떤 단체활동 프로그램이 있나요?

Are there any group activities planned this week?

me 제 음식물을 냉장고에 두어도 됩니까?

Can I leave my food in the refrigerator?

남녀 구별된 방인지 확인해 둘 것

몇 년 전, 한국인 여성친구 두 명이 유럽으로 배낭여행을 갔을 때 일이다. 날이 어둑해지자 미리 예약해 둔 근처의 호스텔을 찾아 갔다. 하지만 그들이 예약한 방이 남녀혼용(mixed gender) 룸이었다는 사실을 몰랐었고, 어쩔 수 없이 하룻밤을 묵고 나서는 너무 불편한 나머지 근처 다른 곳으로 숙소를 옮겨야만 했다.

나 역시 그리 까다로운 사람이 아님에도 불구하고 샌프란시스코의 호스텔에서 첫 숙박을 했을 때 적잖이 놀란 경험이 있다.

내가 묵었던 방에는 한 무리의 덩치 큰 호주여성들이 있었는데, 그들이 하나같이 브래지어와 팬티만 입고 방안을 돌아다니는 것이 아닌가! 만일 이러한 상황이 거북스럽다면, 숙소 예약 시 안락한 수면을 보장할 수 있도록 다음과 같이 질문하도록 하자.

- Is this a women-only room?
  그 방은 여성전용입니까?

- Do you have women-only rooms?
  여성전용 방이 있나요?

- Is this a mixed gender room?
  남녀혼용입니까?

호
텔

1 Where is the emergency exit?

2 Can I see the menu for room service?

3 Can I get my laundry done at this hostel?

4 I need a bigger bed.

5 My room is freezing. Can you turn up the heating?

6 No housekeeping please, we're sleeping in late.

해석

1 비상구가 어디인가요?
2 룸 서비스 메뉴를 볼 수 있을까요?
3 이 호스텔에서 세탁을 할 수 있을까요? (이 호스텔에서 세탁 서비스를 받을 수 있을까요?)
4 좀 더 큰 침대가 필요합니다.
5 제 방이 너무 춥네요. 난방을 해줄 수 있나요?
6 객실 청소는 하지 않으셔도 됩니다. 저희는 늦게까지 잘 거예요.

2.

1 Do you have a voltage converter we can borrow?

2 Do you have a map of the neighborhood?

3 Is there a recreation room at this place?

4 Can I bring this food into my room?

5 These are my guests. Can I bring them to the hostel?

6 Why did you charge me for this? I didn't buy this. / I didn't use this service.

호
텔

해석

1 변압기를 빌릴 수 있을까요?
2 이 주변 지도가 있나요?
3 이곳에 레크리에이션 룸(오락실)이 있나요?
4 이 음식을 제 방으로 가져가도 될까요?
5 이분들은 제 손님들입니다. 호스텔로 데려가도 될까요?
6 이 요금이 왜 제게 부과된 거죠? 저는 이것을 사지 않았는데요. / 저는 이 서비스를 이용하지 않았는데요.

Thomas' 말하기 쓰기
Exercises 올바른 문장이 되도록 왼쪽 구문과 오른쪽 구문을 화살표로 연결하세요.

[Sample 답안 326–327p.]

❶ Towels are available •   • Ⓐ for the wireless internet?

❷ You will get the money back •   • Ⓑ Is there a bellhop?

❸ What is the password •   • Ⓒ the hotel's amenities and services.

❹ Please print your name •   • Ⓓ when you check out.

❺ I need help with my bags. •   • Ⓔ and sign here.

❻ Please read this guide for a list of •   • Ⓕ for free at the pool.

Anders'
Practice

① 호텔의 프런트 데스크로 가서 방을 예약하세요. 어떤 종류의 방을 원하세요? 어떤 방법으로 지불하기를 원하시나요? 얼마 동안 머무실 예정인가요? 룸 서비스, 세탁, 모닝 콜 등과 같은 호텔 서비스를 원하시나요?

➡ _____

_____

_____

_____

② 여러분이 묵고 있는 호텔 방에 문제가 생겼습니다. 프런트 데스크에 전화를 해서 직원들에게 어떤 문제가 있는지를 설명하고 그 문제의 해결을 위한 도움을 요청하세요.

➡ _____

_____

_____

호텔

호텔 & 호스텔 관련 어휘

• 예약	reservation [rèzərvéiʃən]
• 보증금	deposit [dipázit]
• 봉사료	service charge [tʃaːrdʒ]
• 룸 열쇠 / 룸 카드	room key / room card
• 라커룸 / 보관소	locker room / storage room [stɔ́ːridʒ]
• 안전 보관함	safety deposit box [séifti dipázit baks]
• 미니바	mini-bar (룸에 구비되어 있는 유료 음료 및 스낵류)
• 룸 서비스	room service
• 청소서비스	maid service [meid sə́ːrvis]
• 로비	lobby [lábi]
• 휴게실	foyer [fɔ́iər]
• 무선인터넷	wireless Internet / WIFI [wáiərlis]
• 프런트 데스크	front desk [frʌnt desk]
• 에어컨	air conditioner [kəndíʃənər]
• 환풍기	fan [fæn]
• 히터 / 라디에이터	heater / radiator [híːtər / réidièitər]
• 빈방	vacant / vacancy [véikənt / véikənsi]
• 무료 제공품(샴푸, 생수 등)	complimentary items [kàmpləméntəri áitəm]
• 드라이어	hair dryer

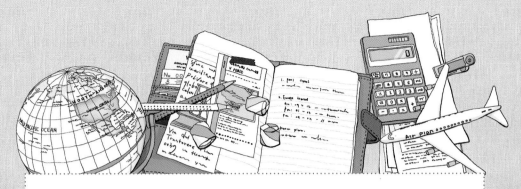

• 반짇고리	sewing kit[sóuiŋ]
• 다림질 판	ironing board[áiərniŋ bɔːrd]
• (표지판)방해하지 마세요	Do Not Disturb[distə́ːrb]
• (표지판)청소해 주세요	Please Make Up
• 샤워 캡	shower cap[ʃáuər]
• 면도세트	shaving kit[ʃéiviŋ]

호
텔

음식을 주문할때!

레스토랑은 기본적으로 세가지 타입으로 분류될 수 있는데. 메뉴, 분위기, 격식을 갖추는 정도나 그에 필요한 어휘 등 또한 그 타입별로 모두 달라진다.

Table service(테이블 서비스)는 자리에 앉아 웨이터나 웨이트리스(또는 servers)가 서빙해주는 음식을 먹기만 하면 돼 편안하지만 그만큼 비싼 금액을 지불하며 즐기는 서비스를 말한다. Counter service(카운터 서비스)는 음식이나 음료를 카운터에 가서 주문한 뒤 테이블로 직접 가지고 가서 먹는 방식이다. Self-service(셀프 서비스)는 흔히 뷔페식당(buffets)에서 볼 수 있는 방식으로 입장할 때 고정된 금액을 지불하고 그 후 직접 음식을 담아먹는 방식을 말한다.

여행이나 갈까?

Chapter 05

음식 및 식당

Food and Restaurants

식당

Food and Restaurants

식당 이용하기 · Restaurants

a. 예약과 도착 Reservations & Arrival

● 어서 오십시오, 손님. 예약하셨습니까?

Welcome Sir / Ma'am, do you have a reservation?

Sir 남자일 경우   Ma'am 여자일 경우

me 네, 피터슨이란 이름으로 7시에 한 테이블 예약했습니다.

Yes, I've reserved a table for 7 o'clock under the name
Petersen.

me 아니요. 안 했는데요.

No, I don't.

● 몇 분이시죠?

How many in your party?

me 세 명이요.

Three people.

me 저 혼자요.

Just me.

me 두 명 더 올 거에요.

I'm expecting two more.

식당

`me` 저 테이블에 앉아도 돼요?

Can we sit at that table?

- 죄송합니다. 저기는 예약된 자리입니다.
  Sorry, that table is reserved.

◉ 자리가 날 때까지 기다려주십시오.

Please wait to be seated.

`me` 여기 주차대행 됩니까?

Do you have valet parking here?

- 네, 주차요원에게 열쇠를 맡기시고 영수증을 꼭 챙겨오세요.
  Yes, Sir. Just leave your keys with the valet and remember to get a receipt.
- 네, 발레 주차비가 있습니다.
  Yes, at an additional fee.
- 죄송합니다. 저희 레스토랑은 직접 주차하셔야 합니다.
  Sorry, our restaurant operates with self-parking.

`me` 드레스코드가 있습니까?

Do you have a dress-code?

- 네, 반 정장을 하셔야 합니다.
  Yes, we request that guests are dressed semi-formal.
- 아니요, 캐주얼 복장도 괜찮습니다.
  No, casual dress is fine.

미국에서 호텔이나 레스토랑에 가면 다음과 같은 질문을 받게 되곤 한다.

"How many people in your party?"

처음에는 '파티' 라는 단어 때문에 이상하게 들릴 수도 있겠지만 그렇다고 우스꽝스런 파티용 모자나 드레스를 입고 가지는 말자.
여기서 'party'는 a group of people taking part in a particular activity or trip(특정한 활동이나 여행에 참여하는 사람들의 그룹)이란 뜻으로, 결국 일행이 몇 명이냐는 질문이다.

식당

드레스코드 Dress Code

여행 중에 흔한 경우는 아니지만, 혹시라도 최고급 레스토랑을 방문하게 된다면 드레스코드를 따라야 할 일이 생길 수 있다. 드레스코드가 'formal' 또는 'white tie' 라면 남성의 경우 전형적인 턱시도(tuxedo)나 연미복(tail-coat)을, 여성은 우아한 이브닝드레스(full-length evening dress)를 의미한다. Semi-formal(반 정장) 은 그 의미가 다소 폭넓게 이해되고 있긴 하지만 전형적인 의미로는 정장과 타이 ('black tie' 라고 알려진 검정 나비넥타이)를 말하고, 여성은 드레스면 된다. Business casual 은 타이나 정장차림이 아닌, 폴로스타일의 칼라가 있는 셔츠와 코듀로이 소재 같은 편안한 바지 정도면 무난하다. Casual 의 경우 말 그대로 상ㆍ하의 편안한 복장과 신발이면 된다. 드레스코드는 또한 종교적인 장소들에서 요구되기도 한다. 예컨대, 로마에 있는 St. Peter's Church(성바오로 성당) 이나 태국에 있는 Grand Palace(타이 왕궁) 와 같은 곳에서는 어깨, 발 및 다른 맨 살이 보이지 않도록 가려야 하는 규정이 있다.

| Streetwear | Casual | Business Casual | Smart Casual | Business / Informal | Black Tie / Semi-Formal |

◉ 주문하시겠습니까?

Are you ready to order?
Can I take your order?

me 네, 저는 크림 파스타 주세요.

Yes, I'd like the cream pasta.

> a t-bone steak 티본스테이크
> this one, and this one 이거랑 이거요 (메뉴를 가리키며)

me 잠시만요. 아직 못 정했어요.

Just a minute. We're still deciding.

me 같은 걸로 주세요.

I'll have the same. (Make that two.)

me 그들이(그가 / 그녀가) 먹는 것으로 주세요.

I'll have what they're (he's / she's) having.

me 이걸 나눠 먹을 건데요.

We'd like to share this.

me 오늘의 특선은 뭐죠? 이 식당 특선메뉴는 뭐죠?

What is today's special? What is the house special?

me 무엇으로 추천하시겠어요? (주로 와인의 경우)

What do you recommend?

식당

me 이건 뭐죠?

What is this?

me 여기 마늘이 들어가 있나요?

Does this contain garlic?

me 전 해산물에 알레르기가 있어요. 전 해산물을 못 먹어요.

I'm allergic to seafood. I can't eat seafood.

gluten(wheat) 글루텐(밀)	nuts 견과류
dairy products 유제품	shell food 조개류

me 전 채식주의자입니다. 채식주의자를 위한 음식(고기가 안 들어간 음식)이 있습니까?

I'm a vegetarian. Do you have any vegetarian dishes?

더 주문하실 것은요? 수프나 샐러드 주문하시겠습니까?

Do you want anything with that? Soup or salad?

스테이크는 어떻게 해드릴까요?

How would you like your steak?
How do you want your steak prepared?

me 살짝만 익혀주세요.(겉표면만 익힌 상태)
Rare, please.

me 중간 정도 익혀주세요.(반정도만 익힌 상태)

Medium, please.

me 완전히 익혀주세요.

Well-done, please.

● 감자는 어떻게 조리해 드릴까요?

What kind of potatoes would you like?

me 삶은 감자로 주세요.

Boiled potatoes, please.

mashed potatoes 으깬 감자
French fries 감자튀김
grilled(roasted) potatoes 그릴에 구운 감자
baked potatoes 통으로 구운 감자

me 죄송하지만, 제가 지금 가야 돼서 주문을 취소하고 싶습니다.

I'm sorry, I have to leave. I want to cancel my order.

me 전 이것을 주문하지 않았는데요.

I didn't order this.
This is not what I ordered.

식당

me 포크 주시겠어요?

Could I get a fork?

> spoon 스푼
> steak knife 스테이크 용 나이프
> pair of chopsticks 젓가락

me 빵 좀 더 주실래요?

Can I get some more bread?

me 이 스테이크가 좀 식었네요. 다시 데워주시겠어요?

This steak is a little cold. Could you please reheat it?

me 새로 해주시겠어요?

Could you please get me a new one?

me 우리 음식은 언제 나오죠? 25분이나 기다렸어요.

Where is our food? We've been waiting for 25 minutes.

me 이 포크는 지저분하군요. 다른 것으로 주실래요?

This fork is dirty. Can I get another one?

> plate 접시   napkin 냅킨

● 다른 필요한 것은 없으세요? 손님들 모두 식사에 만족하신지요?

Can I get you anything else?
Are you folks enjoying your meal?

me 네, 모두 괜찮습니다. 맛있어요.

Yes, everything is fine. It tastes great.

me 사실은 이 수프가 좀 짜요.

Actually, this soup is a little too salty.

me 여기 서비스가 엉망이군요! 매니저와 얘기하고 싶습니다.

This service is terrible! I'd like to speak to the manager.

food 음식이

me 디저트를 주문할까 하는데, 메뉴판 좀 다시 주시겠어요?

I'd like some dessert. Can I see the menu again?

식
당

d. 계산하기 Paying the Bill

me 계산서 주세요.

Check, please.

me 각자 계산으로 청구서를 나눠주세요.

Separate checks, please.

bills

English Tip

흔히 '더치페이 하자'는 의미의 영어표현인 "going Dutch"라는 표현은 부디 삼가자. 대부분의 한국 ESL학생들에게는 익숙한 표현일지는 몰라도, 정작 영어 원어민들은 절대 사용하지 않는 매우 한국스런 영어구문들 중 하나다. 대신 그냥 이렇게 묻자.

"Should we pay separately?"
우리 따로 지불할까?

● 식사는 어떠했나요?

How was your meal?

me 아주 좋았어요. 감사합니다.

Very good, thanks.

great / excellent 훌륭했어요

me 계산이 좀 잘못되었네요. 금액이 너무 많이 나왔어요.

There's a mistake on the bill.
You've charged me too much.

● 식사는 만족스러웠습니까?

Did you enjoy your meal?

me 네. 맛있었어요.
Yes, it was delicious.

me 남은 음식을 싸 갈 수 있을까요?

Can I take the rest home with me?
Can you put the rest in a doggie bag?
Can you put the rest in a takeout box?

to-go box

식당

팁 문화 Tip

대부분의 유럽이나 아시아권 나라들에서는 팁이 가격에 이미 포함되어 책정되지만 미국, 멕시코, 카리브 연안 및 캐나다 등지에서는 서비스에 해당하는 팁을 주는 것이 관습이자 의무이기까지 하다. 팁 문화에 익숙하지 않을 경우, 추가 비용을 내야 한다는 생각에 팁이란 제도가 부당하다고 여길 지도 모른다. 하지만 대부분의 서비스업에 종사하는 사람들 입장에서는 매우 적은 기본금을 받고 나머지는 팁에서 충당해야 한다.

그러면, 팁은 얼마가 적당할까? 이는 서비스의 정도와 손님 수에 달려있다. 만약 음식을 오래 기다렸거나 종업원이 무례하고 서비스가 형편없었다면, 최소한의 팁만 주거나 아예 팁을 주지 않아도 괜찮다. 반면 매우 훌륭한 서비스를 받았고 다수의 일행이 장시간 테이블을 차지하고 있었을 경우, 또는 소란을 피우는 아이들을 데려온 경우라면 넉넉히 팁을 남기는 것이 좋다. 기본적으로 최고의 서비스를 받았다면 식사금액의15~20%, 불만족스런 서비스에는 10%(세금 전 금액에서)의 팁이면 적당하다.

비단 레스토랑에만 팁이 필요한 것은 아니다. 바에서 일하는 웨이터들, 호텔 housekeeper(객실 청소매니저)나 발레파킹 직원, 피자배달원, 택시 운전사, 미용사에게도 팁을 준다.

패스트푸드점 · Fast Food

◉ 맥도날드에 오신 것을 환영합니다. 주문하시겠어요?

Welcome to McDonald's.
How may I help you? (Can I take your order?)

me 치즈 버거 대자 세트 하나와 양파링 하나요.

I'd like a large cheeseburger meal and a side order of onion rings.

me 햄버거세트 하나요. 치즈를 더 첨가해 주세요.

One burger meal with extra cheese.

me 6번 세트로 할께요.

I'll have the number 6, please.

me 양파는 빼주세요.

No onions.
Hold the onions. (비격식)

pickles 피클
ice 얼음
dressing 드레싱
whipped cream 생크림

◉ 드시고 가나요, 포장인가요?

For here or to go?

식당

● 업그레이드를 해드릴까요?

Do you want to upgrade?

> supersize to a large combo
> 라지 콤보 세트로 더 크게

me 환타로 할 수 있을까요? 얼음 빼고요.

Can I get Fanta with that? And no ice, please.

me 리필 되요? (탄산음료나 커피의 경우)

Can I get a refill?

English Tip

패스트푸드점에서 주문을 할 때, 원하는 음식이나 메뉴를 찾거나 물어볼 경우, 다음의 세가지 구문들 중 하나를 쓸 수 있다

● I'd like ....
● I'll have ....
● Can (Could) I get ....

세가지 모두 의미상 차이는 없지만, 그래도 이들 중 "I'd like" 가 가장 정중한 뉘앙스를 가진다.

me 어떤 소스가 있나요?

What kind of sauce do you have?

dressing 드레싱   jam 잼

⊙ 냅킨, 빨대 및 양념류 (케첩, 머스타드, 샐러드 드레싱, 소금, 후추 등)는 저쪽 카운터에 있습니다.

Napkins, straws and condiments (ketchup, mustard, salad dressing, salt, pepper) are at the counter over there.

me 이 테이블 써도 됩니까? 여기 앉아도 되나요?

Can we use this table? Can we sit here?

 Travel Tip

만일 예산이 빠듯하다면 쇼핑몰에 있는 푸드 코트(food courts)를 이용하는 것도 좋은 방법이다. 격식을 차릴 필요가 없는 분위기에서 현지인들처럼 먹을 수 있는 방법이기도 하면서, 음식이 싸고 다양하며 가끔은 놀랄 만큼 맛있기도 하기 때문이다.

또한 패스트푸드 버전이긴 하지만 태국, 이탈리안, 중국, 멕시코 및 중동 지역과 같은 타 지역의 음식들(ethnic foods)을 맛볼 수 있는 기회도 된다.

커피숍 · Cafes and Coffee Shops

me 블랙커피 하나랑 라즈베리 데니쉬 (페이스트리) 주세요.

A black coffee and a raspberry Danish, please.

● 어떤 사이즈로요?

What size would you like?

me 큰 사이즈로 주세요.

Grande, please.

● 크림과 설탕 넣을까요?

With cream and sugar?

me 황 설탕으로 넣어주세요. 크림은 빼고요.

Brown sugar, please. No cream.

me 디카페인 커피가 있나요?

Do you have any decaf coffee?

me 아이스크림 두 스쿱 주세요.

I'll have two scoops (of ice cream), please.

● 무슨 맛으로 드릴까요?

What flavor would you like?

me 바닐라와 민트요.

Vanilla and mint.

● 컵이요, 콘이요?

In a cup or cone?

me 숟가락 하나 더 주세요.

I'd like an extra teaspoon.

a plate for my tea bag 티백 놓을 종지
a small plate to share 나눠 먹을 수 있는 앞 접시

 English Tip

커피 용량의 경우, 다른 서비스업종에서 쓰이는 기본규격인 small, regular, large 와 같은 명칭을 사용하지 않기 때문에 주문 시 혼돈스러울 수 있다. 대신에 커피잔에만 적용되는 그들만의 톡톡 튀는 규격용어들이 있다.
예를 들어, "tall"은 큰 사이즈처럼 들려도 실제로는 가장 작은 사이즈다. 아래 용량에 따른 각 명칭들을 살펴보자.

● Tall [12 oz., 375ml]
● Grande [16 oz., 500ml]
● Venti [18 oz., 590ml]

흥미롭게도 스타벅스에서는 공식화되지 않은 short (8 oz., 250ml) 사이즈도 판매한다. 이는 메뉴판에는 없는 사이즈이지만 요청시 주문이 가능하다. 스타벅스에 가면 바리스타(barista)에게 short 사이즈를 주문해 보는 건 어떨까?

식당

Unit 4	술 집 • Bars & Pubs

수 세대에 걸쳐 바(Bars)가 서양문화에서 꽤 중요한 부분을 차지해온 까닭에, 종종 그 지역특성을 지닌 bar 문화가 자리잡은 곳들이 많다. 각자의 취향에 따라, 스포츠 바(sports bars)나 영국스타일 퍼브(Irish 또는 British pubs)에 들르거나, 독일의 비어가르텐(Biergarten)에서 옥토버페스트 를 즐길 수도 있다. 아니면 칙칙한 선술집(tavern)이나 다소 퇴폐스런 지하클럽(dive)에 가서 실컷 마시고 놀 수도 있고, 고급스런 칵테일라운지(cocktail lounge)에서 마티니를 마실 수도 있다.

일부 바들은 그 지역 맥주를 직접 제조하여 공급하는 소규모맥주양조장(microbreweries)들과 연계되어 있기도 하다. 만일 당신이 맥주 광이라면, 다양한 맥주를 시음할 기회도 많다. 다만 지역별로 맥주의 종류(red, dark, ale, pale)나 규격 별로 다양한 어휘가 쓰인다는 점을 알아두자.

☆호주

	시드니	멜버른/브리즈번	아델레이드
285 ml (10 fl oz.)	middy	pot	schooner
425 ml (15 fl oz.)	schooner	schooner	pint
570 ml (20 fl oz.)	pint	pint	imperial pint

그 외, "jug"(흔히 한국에서 피쳐라고 부르는 손잡이 달린 잔)나 "pony"(약 150ml정도의 작은 글라스)와 같은 명칭도 있다.

☆미국

명칭	Size (metric)	Size (U.S. Ounces)
mug (작은 잔)	296 ml	10 oz.
tankard / stein (큰 잔)	355 ml	12 oz.
pint	473 ml	16 oz.
standard bottle (표준사이즈 병)	341 ml	약 12 oz.
can	355 ml	약 12 oz.
large can	500 ml	16 oz.
Tall boy (캔)	700 ml	24 oz.
Bomber (병)	680 ml	22 oz.
Quart (병)	940 ml	32 oz.
40 ("a forty"로 읽음)	1,183 ml	40 oz.
pitcher	1.18-1.75 liters	40-60 oz.

☆영국

명칭	Size (metric)	Size (U.S. Ounces)
(imperial) pint	568 ml	20 oz.
a half (pint)	284 ml	10 oz.
A third	190 ml	7 oz.

하지만 이렇게 규격에 따라 구별하는 것이 너무 골치 아프다면, 그냥 "맥주 한 병 주세요(I'd like a beer)"라고 말하는 것만으로도 충분하다.

me 맥주 한 병 주세요.

I'd like a bottle of beer.

a pitcher 피처 하나   a glass 한잔

● 생맥주요, 병맥주요?

Draft or bottle?

Tap

me 수입맥주가 있습니까?

Do you have any imported beer?

me 무 알코올 칵테일이 있습니까?

Do you have any non-alcoholic cocktails?

● 법적으로 음주가능 연령은 18세입니다.

The legal drinking age is 18.

(연령 제한은 나라별로 다름.)

● 신분증 좀 보여주세요

I need to see your ID.
Do you have any identification?

me 여기 봉사료가 따로 붙나요?

Is there a cover charge?

me 영업종료시간이 몇 시죠? 주류 주문은 몇 시까지 받나요?

What time do you close (the bar)?
What time do you stop serving alcohol?

me 몇 시에 마지막 주문을 받습니까?

What time is the last round?

last call / last order

me 택시를 좀 불러주시겠어요?

Can you call a taxi for me, please?

해피 아우어 Happy Hour

이 술집(바)들에 대해 시끄럽고 어두침침하고 지저분하다는 선입견이 있었다면, 꽤 많은 웨스턴 바들이 고급스럽고 안락한 자리를 제공한다는 사실에 놀랄 수도 있겠다. 당신이 술은 마시고 싶지 않다면 그냥 식사나 안주거리만 주문해도 된다. 게다가 바들은 주로 손님이 별로 없는 특정 일, 특정 시간대에 식사를 할인해주는 Happy Hour를 정해서 운영하고 있다. 예를 들어 평일 오후 3~6시 또는 오후 9시 이후 쯤이 그 시간대에 속한다.

내가 미국에 교환학생으로 있었을 때의 일이다. 나와 내 친구는 시간은 많고 돈은 별로 없었던 대학생 신분인지라, 시내에서 제공하는 최고의 Happy Hour 조건들을 찾아 먹으러 다니는 일을 낙으로 삼았던 적이 있다. 그 당시 내가 제일 좋아했던 Happy Hour 메뉴는 한 고급스런 호텔로비에 있던 레스토랑에서 단돈 4달러에 제공하는 거대한 버거와 감자튀김 세트였다. 단지 저렴한 가격에 맛있는 햄버거를 먹을 수 있다는 사실 외에도 마치 내가 프랭크 시나트라가 된 듯한 기분을 만끽할 수 있다는 사실!

- **Do you have a Happy Hour special?**
  여기에 해피 아우어 스페셜(메뉴)가 있나요?

- **What time is Happy Hour?**
  해피 아우어가 몇 시죠?

아침식사 The Breakfast Experience

다채로운 외국음식들 가운데서 가장 흥미롭고도 맛있는 식사 시간대를 꼽으라면 아마도 아침식사(breakfast)가 아닐까?

영국(U.K.)의 "Irish breakfast", "English breakfast"또는 그냥"full breakfast"라고 불리는 아침식사에는 거의 대부분 에그스크램블(scrambled eggs), 소시지(sausage), 베이컨(bacon), 블랙푸딩(black pudding), 버섯요리(mushrooms), 구운 콩(baked beans), 해시브라운 감자요리(hash browns) 및 토마토(tomato)가 포함되며, 보통 HP sauce 나 케첩(ketchup)이 함께 제공된다.

미국이나 캐나다의 아침식사는 이런 재료들 대신 팬케이크(pancakes), 스테이크(steak), 씨리얼(cereal), 머핀(muffins), 오트밀(oatmeal), 베이글(bagels), 감자튀김(fries) 또는 오믈렛(omelet) 등이 나온다. 어떤 아침식사를 선택하던 분명한 건, 자리를 뜰 때쯤이면 후한 포만감을 느낄 수 있을 것이라는 점이다. 비록 이 메뉴들은 아침식사나 브런치(brunch)용이긴 해도 요즘은 많은 레스토랑에서 이 메뉴들을 종일 식사메뉴로 판매하고 있다.

아침식사에 대한 추가사항으로 계란을 주문할 때 쓰일 수 있는 어휘들이 있다. 가장 흔한 옵션들로는 scrambled(스크램블), fried(계란 후라이: sunny-side up[반숙, 노른자가 위를 향하고 있는 모양], over easy[노른자 위를 흰자가 덮고 있는 모양], well-done[완숙]) 및 경우에 따라 soft-boiled(삶은 계란 반숙), hard-boiled(삶은 계란 완숙) 또는 poached(수란: 끓는 물에 넣어 모양을 유지하며 삶는 계란요리) 등이 있다.

식당

1   Do you have a menu with pictures?

2   Is this enough for two people?

3   Is it possible to share this meal?

4   How big are the portions?

5   Please make my coffee mild/strong.

6   Be careful, it's hot!

해 석

1   사진이 있는 메뉴(판)가 있나요?
2   두 명이 먹기에 이것이 충분한가요?
3   이 음식을 나눠 먹을 수 있나요?
4   1인분의 양이 얼마나 되나요? 1인분이 얼마나 큰가요?
5   제 커피는 순하게(부드럽게)/진하게 해주세요.
6   조심하세요, 뜨겁습니다!

2.

1 How long will it take before the food arrives?

2 Do I need to pay extra for refills?

3 Where should I pick up the tray?

> drop off 반납하다

4 Could I get more side dishes?

5 Is it expected to leave a tip here?

6 I spilt some drinks. I'm so sorry. Can you mop it up?

해석

1 음식이 준비되는데 시간이 얼마나 오래 걸리나요?
2 리필하는데 추가요금을 지불해야 하나요?
3 쟁반을 어디에서 가져와야 하나요?
4 사이드 디쉬(추가반찬)를 더 먹을 수 있을까요?
5 여기에 팁을 놔두어야 하나요?
6 음료수를 쏟았어요. 죄송합니다. 좀 닦아 주실 수 있나요?

Thomas' Exercises

Thomas' 말하기 쓰기
Exercises 다음의 문장을 영어로 바르게 쓰세요. [Sample 답안 328–329p.]

1 리필이 되나요?

　　➡ _____

2 수입맥주가 있습니까?

　　➡ _____

3 이 스테이크가 좀 식었네요. 다시 데워 주시겠어요?

　　➡ _____

4 여기 주차대행이 됩니까?

　　➡ _____

5 일행이 몇 분이시죠?

　　➡ _____

6 환타로 할 수 있을까요? 얼음 빼고요.

　　➡ _____

① 음식점 예약을 해보세요. 여러분이 몇 시에 도착하는지, 어떤 종류의 테이블을 원하는지, 일행이 몇 명이 될지 등을 말하세요.

➡ _____

_____

_____

_____

② 코스요리 레스토랑에서 음식을 주문해보세요. 전체요리, 주요리, 그리고 후식으로 어떤 것을 원하세요? 또한 곁들임 요리를 원하세요? 특별한 방법으로 조리된 고기를 원하시나요? 예를 들면 채식주의자, 알러지 유발 항원이 없는, 아이들용 메뉴 등 특별한 요구사항이 있나요?

➡ _____

_____

_____

_____

식당

음식 및 레스토랑 관련 어휘

• 셀프서비스	self-service [self-sə́:rvis]
• 종업원	waiter (남) [wéitər]
	waitress (여) [wéitris]
	server [sə́:rvər]
• 냅킨	napkin [nǽpkin]
• 물수건	wet-wipe [wet-waip]
• 포크	fork [fɔːrk]
• 나이프	knife [naif]
• 스푼	spoon [spuːn]
• 젓가락	chopsticks [tʃápstiks]
• 카운터	counter [káuntər]
• 에피타이저	appetizer [ǽpətàizər]
• 주요리	entrée [áːntrei]
• 계산서	bill / check [bil / tʃek]
• 영수증	receipt [risíːt]
• 잔돈	change [tʃeindʒ]
• 남은 음식을 싸가는 봉투	doggie bag [dɔ́:gi bæg]

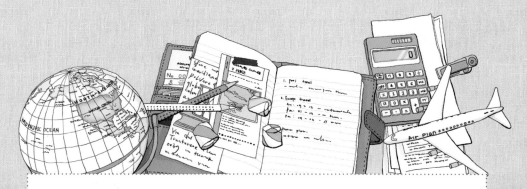

조리법에 대한 형용사

- fried [fraid] 튀긴
- dried [draid] 말린
- pickled [píkld] 절인
- uncooked [ʌnkúkt] 조리가 안된

- baked [beik] 구운
- steamed [sti:md] 찐
- raw [rɔː] 날음식의

농도, 식감 및 음식의 간에 대한 형용사

- greasy [grí:si] 느끼한
- oily [ɔ́ili] 기름진
- charred [tʃa:rd] 검게 탄
- sweet [swi:t] 달콤한
- mild [maild] 순한
- crunchy [krʌ́ntʃi] 아삭한
- weak [wi:k] 약한
- creamy [krí:mi] 부드러운
- spicy [spáisi] 매운
- tender [téndər] 연한

- salty [sɔ́:lti] 짠
- slimy [sláimi] 끈적한
- burnt [bəːrnt] 탄
- sour [sauər] 신
- strong [strɔ:ŋ] 강한
- bland [blænd] 자극 없는
- sharp [ʃa:rp] 자극적인
- hot [hat] 뜨거운
- tough [tʌf] 질긴

선호도에 대한 형용사

- tasty [téisti] 맛있는
- delicious [dilíʃəs] 맛이 훌륭한

식당

151

쉬어가는 페이지~

음식주문과 관련하여 내가 결코 잊을 수 없는 기억이 하나 있다. 포트랜드(Portland)에서 아침식사를 하려고 베이글 가게에 갔을 때의 일이었다. 계산대에 있던 여종업원이 내게 베이글을 어떻게 해줄지에 대해 한 백개쯤 되는 질문을 던지는 것이었다.

·빵은 어떻게 해 드릴까요?

플레인(plain: 무첨가 무가열의 본래 상태)으로 또는 따뜻하게 데워서 드릴까요 (heated)? 아니면 토스트용으로 드릴까요(toasted)?

·빵은 어떤 종류로 드릴까요?

양귀비 씨 빵(poppy seed: 톡톡 터지는 씨앗들이 첨가된 빵), 통밀빵(whole wheat), 꿀 통밀빵(honey whole wheat), 8가지 곡물이 첨가된 빵(8-grain), 계피향 건포도빵 (cinnamon raisin), 효모처리빵(sourdough: 약간 시큼한 맛의 빵), 마늘(garlic), 블루 베리(blueberry), 참깨(sesame seeds)가 첨가된 빵이 있습니다.

·빵에 첨가할 재료는요?

크림치즈(cream cheese), 훈제연어(lox), 양파(onion), 피클(pickles), 치즈(cheese) 중 어느 것을 드릴까요?

·어떤 치즈로 드려요?

스위스(Swiss), 체다(cheddar), 아메리칸(American) 중 어느 것을 드릴까요?

이런 다양한 선택 옵션들에 짓눌리자 순식간에 머리가 멍해졌고 결국 난 말까지 더듬으며 중얼거렸다. "Uh, I don't really care. It's just a bagel. (어, 전 그런거 상관없고요. 그냥 베이글이요.)"

그러자 마치 그 옛날 서부영화에서 한 장면처럼, 순식간에 식당전체가 고요해지며 그 십대소녀점원은 어이없다는 듯 눈알을 굴리더니 껌을 짝짝 씹으면서 대답하길, "It's not just a bagel. (이건 그냥 베이글이 아니거든요.)"

따라서 만일 당신이 몬트리올이나 뉴욕과 같은 베이글이 유명한 도시로 여행을 할 예정이라면 위에 나열된 어휘들을 준비하여 주문할 때 써먹도록 하자. 아니면 그냥 "plain"이라고 대답하고 굽지 않은 흰빵(untoasted white bread)을 맛있게 즐기시길…

식당

쇼핑시 주의사항!

해외여행 중 빼놓을 수 없는 일은 바로 쇼핑이 아닐까? 여행지의 기
념품부터 가족과 친구를 위한 선물이나 평소 자신이 갖고 싶었던 물
건 등을 구입하는 일은 즐겁지 않을 수 없다. 하지만 여행지에서 쇼
핑할 때는 바가지를 쓰지 않도록 조심해야 한다. 여러 곳을 다니면서
가격을 비교한 다음 구매하는 것이 현명하다.

쇼 핑

Shopping

Shopping

상점 종류 · Different Stores

음식, 의류, 또는 기타 특수 아이템들의 쇼핑이 필요하다면 당신의 선택 폭을 넓혀 줄 다양한 소매점들(retailers)에 대하여 알 필요가 있다.

Department Stores 백화점

다양한 제품들과 가격들의 "soft goods(비내구소비재: 섬유류 등)"와 "hard goods(내구소비재: 가구류 등)"를 한데 모아 놓은 대형 상점으로 몇몇 유명백화점으로는 "Harrods", "Debenhams", "Marks & Spencer's", "Sears", "Macy's" 및 "Saks Fifth Avenue" 등이 있다. 이들 브랜들 중 일부는 19세기 말경에 설립되어(Lord and Taylor, 1826년) 역사와 전통을 자랑하는 곳도 있어 이러한 곳에서 쇼핑하는 것 자체만으로도 충분한 즐길 거리가 된다.

뉴욕의 Fifth Avenue나 영국 런던의 Oxford Street 등을 걸으면 이러한 브랜드의 백화점들이 눈에 들어올 것이다.

Discount Stores 할인점

종종 hypermarkets 또는 big box stores라고도 불리는 할인점들은 식품 및 기타 다양한 제품들을 판매한다. 이들은 브랜드나 품질보다는 주로 가격 면에서 경쟁력이 높은 편이다. 미국에서 유명한 할인체인점들로는 "Target", "Marshalls", "Kmart" 및 "Wal-Mart" 등이 있고, 영국에는 "Asda"나 "Tesco"가 있다.

또한 품목별로 서점분야로는 "Barnes and Noble", 장난감 판매점으로는 "Toys "R" Us" 그리고 가전류에는 "Best Buy" 등이 있다.

쇼
핑

Supermarkets 슈퍼마켓

"Sainsbury's", "Safeway", "Woolworth's", "Giant"및"Whole Foods", "Kroger's"와 같이 주로 식자재를 판매하는 곳이다.

Warehouse Stores 창고형 할인매장

미국의"Costco"나"Sam's Club"또는 유럽의"Metro / Makro"등은 팔레트단위로 선반에 제품을 쌓아놓고 저가로 판매하는 창고형 할인매장이다. 이들 중 대부분은 멤버십카드(membership cards)를 요구하고 있어 회원이 아닌 경우 출입할 수가 없다. 하지만 주변에 회원권을 갖고 있는 사람과 동행하여 쇼핑을 할 수는 있다. 그 방대한 규모면에서 볼 때 한번쯤 둘러볼 만한 곳이기는 하다.

Variety Stores (Dollar Stores) 잡화점(달러마켓)

제한된 종류의 일부 상품들을 초저가로 파는 곳이다.
주로 그 나라의 통화단위를 명칭으로 사용하는 경우가 많아 이러한 초저가상점들은 쉽게 식별 가능하다. 미국에는"Dollar Tree", "99 cents stores" 등이 있고 영국에는"Poundworld" 아일랜드에는"Euro 2" 그리고 뉴질랜드에는"2 $ shop"이 있다.

Convenience Stores, Corner Stores, Mini-Marts 편의점

(영국에서는"off-licenses"라고 부름.)
가장 보편적인 편의점으로는 한국에도 들어와 있는 7-Eleven이 있다. 지역별로 다소 유별난 명칭을 가진 상점들이 있다. 예컨대, "Cumberland Farms", "White Hen Pantry", "Loaf N Jug" 또는"Quickie Mart", "Royal Farm"등이 있다.

백화점 · Department Stores

a. 물건 고르기 Selecting Goods

◉ 제가 도와드릴까요? 뭐 찾으시는 물건이 있습니까?

May I help you?

Do you need any help?

Are you looking for anything in particular?

`me` 아니요, 괜찮아요. 그냥 구경 중이에요. 고맙습니다.

No, that's OK. I'm just browsing, thanks.

`me` 네, 드레스를 찾고 있는 중인데요.

Yes, I'm looking for a dress.

◉ 사이즈는 몇이죠?

What size are you?

What size do you want?

`me` 8입니다.

I'm a size 8.

`me` 스몰(작은 사이즈) 입니다.

I'm a small.

> medium 중간 사이즈
> large 큰 사이즈
> an extra large 제일 큰 사이즈

쇼
핑

me 제 사이즈를 잘 모르겠어요.

I don't know my size.
I'm not sure.

me 이건 너무 작은데요.

This is too small.

me 이건 안 맞아요.

It doesn't fit.

me 어떤 브랜드들이 입점해 있습니까?

Which designer labels do you carry?

brand names 브랜드

me 이 제품이 다른 색상으로 있나요?

Do you have this in another color?

a smaller size 더 작은 사이즈로
a different design 다른 디자인으로

me 몇 시에 문을 여나요?

What time do you open?

close 닫나요

160

me 여기 구찌 있어요?

Do you sell Gucci?
> have, carry

me 피팅룸이 있나요?

Do you have a changing room?

me 이거 입어봐도 돼요?

Can I try this on?

◉ 이 제품은 프리 사이즈 제품입니다.

This is one-size-fits-all.
> unisex 성별 공용

me 신용카드로 지불할 수 있나요?

Can I pay with credit card?
> checks 체크   foreign currency 외국화폐

me 이 청바지가 뚱뚱해 보이나요?

Do these jeans make me look fat?

me 이 색이 저한테 어울리나요? 저한테 어때 보여요?

Does this color suit me? How does this look on me?

● 총 금액은 29불 75전 입니다.

Your total comes to $29.75.
That'll be $29.75.

● 어떻게 지불하시겠습니까? 현금, 신용카드, 수표 중에서요.

How would you like to pay? Cash, charge, or check?

me 아메리칸 익스프레스 카드 받나요?

Do you accept American Express?

me 어떤 신용카드가 되죠?

Which credit cards do you accept?
can I use

· 저희는 아메리칸 익스프레스, 비자 및 마스터카드가 됩니다.
We accept American Express, Visa and MasterCard.

● 죄송하지만 이 카드는 수취거절입니다. 혹시 다른 카드 있으세요?

I'm afraid this card was denied. Do you have another one you'd like me to try?

me 영수증을 주시겠어요?

Can I get a receipt, please?

me 세금환급을 받을 수 있나요? 이 제품은 세금환급이 적용되나요?

Can I get a tax refund? Is this eligible for a tax refund?

me 선물용인데요. 포장하고 싶습니다. 선물포장이 됩니까?

It's a present. I'd like it wrapped. Can you gift-wrap this?

me 이 제품을 반품하고 싶은데요.

I'd like to return this item.

exchange 교환

· 물론입니다. 영수증을 보여주시겠어요?

Sure, may I see your receipt?

◉ 다른 제품으로 교환하시겠습니까? 아니면 현금으로 환불 받으시겠습니까?

Would you like to exchange it for a different item, or do you want a cash refund?

숫자 읽는 법 Reading Numbers

한국과 숫자를 세는 체계가 다르므로 영어로 숫자를 읽는 것이 처음에는 매우 생소하고 어려울 수 있다. 특히 가격과 관련하여 십 단위로 끊어 읽을 때, twenty-nine seventy-five ($29.75)라고 한번에 읽거나 아니면 twenty nine dollars (and) seventy-five cents (29 달러 75센트)라고 금액 단위 별로 끊어서 읽어줘야 한다. 금액이 큰 액수를 읽을 경우, 왼쪽의 큰 단위에서 오른쪽으로 이동하며 읽어간다.

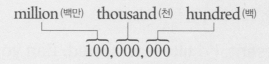

십 단위 간격으로 다음과 같이 읽으면 된다.

ten (10) → hundred (100) → thousand (1,000) → ten thousand (10,000) → hundred thousand (100,000) → million (1,000,000) → ten million (10,000,000) → hundred million (100,000,000) → billion 또는 a billion (1,000,000,000)

다음 숫자들을 연습해보자.

6,112 : six thousand, one hundred (and) twelve
47, 321 : forty-seven thousand, three hundred (and) twenty one
13,904,580 : thirteen million, nine hundred and four thousand, five hundred (and) eighty

me 냉동식품 코너가 어디죠?

Where is the frozen goods section?

dairy 유제품 bread 제과 meat 육류

me 이 제품의 쿠폰을 갖고 있는데요. 이 쿠폰을 사용할 수 있나요?

I have a coupon for that. Can I use this coupon?

me 이 신용카드가 됩니까?

Can I use this credit card?

○ 죄송하지만 저희는 현금만 받습니다. 저희는 외국 신용카드는 받지 않습니다.

Sorry, we accept cash only. We don't accept foreign credit cards.

○ 종이봉투로 드릴까요? 비닐봉투로 드릴까요?

Paper or plastic?

me 종이봉투로 주세요.

Paper, please.

me 괜찮아요. 봉투 필요 없습니다.

It's OK, I don't need a bag.

쇼핑

me 봉지 하나 더 주시겠어요?

Could I get an extra bag?

○ 멤버십 카드가 있습니까?

Do you have a membership card?
(e.g. Safeway Card / Tesco Card / Target Card)

○ 현재 이 상품은 하나 가격에 두 개를 드립니다.

There's a two-for-one sale on this.
Buy one, get one free.

○ 이 제품은 15% 세일합니다.

There's a 15% discount on this.

○ 여긴 express lane 이에요. 제품이 10개미만으로 소량인 고객들만 여기서 계산하실 수 있어요.

This is the express lane. It's reserved for customers with less than 10 items.

 Travel Tip

교활한 세금 Sneaky Taxes

어떤 나라들과 상점들에서는 가격표에 표기된 가격만 정산하면 된다. 반면 가격표 금액 외에 부가세(VAT: Value Added Tax)를 별도로 청구하는 나라들도 있다. 그럴 경우 물건 구입시 부가세까지 감안하여 예산을 잡아야 함을 잊지 말자.

DIY Shopping

요즘은 많은 대형마트들이 "self-checkout cash register(셀프 계산대)"를 구비하여 굳이 점원과 고객이 마주할 필요가 없어졌다. 따라서 기존의 "cash register" 대신 "self-checkout terminal"로 가서 그냥 구입한 상품들의 "barcode(바코드)"를 스캔한 후 "bagging area(담는 곳)"에서 비닐봉지나 종이봉투에 담으면 된다. 어렵게 느껴진다면 근처에는 점원(attendant / clerk)이 늘 상주하고 있으니 도움을 요청하면 된다.

슈퍼마켓 표지판 Supermarket Signs

잘 쓰이지 않는 구문이지만 유독 슈퍼마켓에서 흔히 발견되는 표지판들이 있다. 무슨 내용인지 살펴보자.

- **No entry without shirt or shoes.** (No Shirt, No Shoes, No Service.)
  셔츠나 신발을 신지 않은 경우 출입금지.

- **Restroom for customers only.**
  고객용 화장실.

- **No loitering.**
  (불량청소년 또는 노숙자 등을 대상으로) 이 근처에서 어슬렁거리지 마시오.

- **I.D. required. No alcohol to minors.**
  신분증제시 필요. 미성년자 주류구매 금지.

- **Parking for customers only.**
  고객용 주차장.

- **Employees must wash hands.**
  점원들은 반드시 손을 씻을 것.

쇼핑

전문 상점 · Specialty Stores

a. 서점 및 도서관 Bookstore & Library

`me` 잘 나가는 책을 좀 추천해 주시겠어요?

Can you recommend any popular books?

easy 쉬운   exciting 재미있는

`me` 전 영한사전을 찾고 있습니다.

I'm looking for an English-Korean dictionary.

`me` 할인코너가 어디에요?

Where is the bargain bin?

`me` 할인중인 서적들이 있습니까?

Do you have any books on sale?

● 책들은 저자 성에 따라 알파벳 순으로 진열되어 있습니다.

The books are alphabetized according to the author's last name.

me 아동서적 코너가 어디죠?

Where is the section for children's books?

novels / fiction 소설
poetry 시
essays / non-fiction 수필
biographies 자서전
self-help books 자기계발서
classics 고전
coffee table books 커피숍 같은 곳에서
비치해 두고 장식용 겸 손님들이 짬짬이 보는 책

● 기한 안에 반납하셔야 합니다.

You have to return it before the due date.

me 언제까지 반납해야 하죠?

When do I have to return it?
When is the due date?

me 이 책이 하드커버지로 나온 게 있나요?

Do you have this book in hardback?

쇼핑

b. DVD 대여점 DVD Rental

me 호러 영화를 찾고 있습니다.

I'm looking for a horror movie.

romance 로맨스	thriller 스릴러
adventure 모험	comedy 코미디
independent(indie) 독립(인디)	foreign 외국

me 신작코너는 어디죠?

Where are the new releases?

me 이 영화는 연령제한이 어떻게 되요?

What is the age restriction for this movie?

rating 등급

c. 미용실 Beauty Salon

me 머리를 자르고 싶은데요.

I'd like a haircut.

perm 파마하고   shave 면도하고

me 머리를 좀 다듬고 싶습니다.

I'd like my hair trimmed.

dyed 염색하고   washed 감고   dried 말리고

me 너무 길지 않게 해주세요.

Not too long.

short 짧지

me 중간길이로 해주세요.

Medium length, please.

me 앞을 좀 더 쳐주시겠어요?

Can you take more off the front?

back 뒤를   sides 옆을

me 데이비드 베컴처럼 하고 싶어요.

I want to look like David Beckham.

me 젤은 바르지 마세요.

No gel, please.

English Tip

타지에서 머리를 자르는 일은 비싸기는 해도 재미있는 경험이 될 수 있다. 특히, 다른 언어로 의사소통이 이루어져야 하는 상황이라면 더더욱 그러할지도 모른다. 바디랭귀지가 도움이 되기는 하지만 까다로운 부분들 중 하나는 머리를 얼만큼 자르느냐에 대한 표현이다. 다음 두 가지 중 어느 쪽으로 표현해야 하는지 분명히 숙지해두자.

- I want it this length (short / long).
  [남아있을 길이를 손가락으로 가르키며] 이 정도 길이로 (이 정도로 짧게/길게) 해주세요.

- Take off this much.
  [잘려나갈 길이를 손가락으로 가르키며] 이 만큼 잘라주세요.

d. 전자상가 Electronics Store

me 저는 멀티어댑터를 찾고 있어요.

I'm looking for a multi-adaptor.

- voltage converter 전압변환기
- a phone / camera recharger 전화 / 카메라 충전기
- a new battery for my camera 제 카메라용 새 배터리
- a 2 GB memory card 2기가 메모리 칩
- some (triple-A, AA, D-cell) batteries 배터리
- some film for my camera 카메라용 필름
- a disposable camera 일회용 카메라

me 최근에 나온 MP3 플레이어 좀 볼 수 있어요?

Can I see your newest mp3 players?

me 이 필름을 현상하고 싶습니다.

I'd like to develop this film.

- print these digital photos
  이 디지털사진들을 인화하고
- burn these photos to a disk / CD
  이 사진들을 디스크 / CD에 굽고
- recharge the battery for my digital camera
  제 디지털 카메라의 배터리를 충전하고

me 제 카메라가 고장났어요.

My camera is broken.

`me` 렌즈 초점이 안 맞아요.

The lens is out of focus.

`me` 셔터가 작동하지 않아요.

The shutter doesn't work.

zoom 줌이   flash 플래시가

`me` 사진이 흔들려서 찍혀요.

The photos are blurry.

me 이 편지를 한국으로 보내고 싶은데요.

I'd like to send a letter to Korea.

package 소포   postcard 엽서

me 우표 몇 장을 사고 싶습니다.

I want to buy some stamps.

an envelope 봉투 한 장
a large cardboard box 대형 소포박스 한 개

me 항공우편으로 보내주세요.

Please send it by airmail.

surface mail 보통우편   express mail 속달

me 얼마에요? 도착까지 얼마나 걸릴까요?

How much will it cost? How long will it take to get there?

me 가장 빨리 가는 방법은 뭐죠?

What is the fastest option?

cheapest 싸게

174

me 속달과 보통우편의 가격차이가 얼마나 납니까?

What is the difference in price between express mail and regular mail?

우편번호를 기재하세요.

You need to fill out the zip code.

저 쪽 우편함에 넣으세요.

Drop it in the mailbox over there.

me 조심하세요. 깨지기 쉬워요.

Be careful. It's fragile.

시장 및 노점상 · Markets & Vendors

me 저는 기념품을 찾고 있어요.

I'm looking for some souvenirs.

something handmade 수제품
some local / indigenous art 지역 특산품
traditional art work 전통공예품

me 이건 지저분한데요. 다른 건 없나요?

This is dirty. Do you have another?

is ripped 찢겨졌어요
has a stain 얼룩이 있어요

me 이 제품의 다른 사이즈가 있습니까?

Do you have this in another size?

color 색상   material 재료
style 스타일

me 이거 진품이에요? (시계나 그림 류)

Is this authentic?

`me` 이거 신선한가요? 이거 이 지역에서 재배된 거에요?

Is this fresh? Is this locally grown?

`me` 좋아요. 그 가격에 합시다.

Ok, it's a deal. You've got a deal.

Travel Tip

만일 여행 중에 시간이 허락된다면 신선한 음식과 야채들을 찾아 Farmer's market 으로 가보자. 이곳은 그 지역 농장주들이 직접 재배한 상품들을 소비자에게 직판하는 시장이다. 이는 생생한 현장감으로 오감을 즐겁게 하는 경험이기도 하지만 당신이 그 지역 농업경제에 도움을 줄 기회가 되기도 한다.

많은 대도시들에서 "street markets(거리시장)", "public markets(공공시장)", "flea markets(벼룩시장)" 또는 "Sunday markets(일요장)" 등 다양한 야외시장들이 열리고 있으며, 여기서는 독립적인 소매상들이 음식, 의류 및 예술품 등을 판매한다. 이 곳에는 또한 종종 음악회나 다른 종류의 오락시설이 참여하기도 한다. 굳이 무엇을 살 의향이 없더라도 그 분위기만으로도 잠깐 들려서 둘러볼 만하다.

쇼핑

Travel Tip

정찰제 상품은 깎지 말자!
Don't Bargain on the Price!

많은 여행책자들에서 볼 수 있는 표현으로 "Can you come down a little on the price?(그 가격에서 좀 더 깎아주실 수 있어요?)", "How about a discount?(할인은요?)" 또는 "If you give me a discount, I'll buy it.(깎아주면 살게요.)" 등이 있다. 하지만 경험상 이런 표현들이 더 이상 미국, 캐나다 및 유럽 등지의 나라들에 적용되지 않는다고 본다.(동대문시장에서는 가능한 표현이겠지만 한국에 오기 전까지 난 흥정이란 것을 해 본 적이 없다.) 사실 정찰제로 가격이 표기되어 있는 제품에 흥정을 하여 가격을 깎는 것은 무례하다고 여겨진다.

내 생각에 유일하게 흥정할만한 곳으로는

❶ 개별가격이 표기되지 않는 상품이나 토산품을 파는 시장

❷ 악기류나 주문 제작한 차량용품과 같이 덩치가 좀 있는 값비싼 아이템들을 구매하는 장소들

정도라고 본다.

물론 어떤 제품을 다량으로 구매할 경우 할인을 요구할 수 있겠지만 이러한 예외적인 경우를 제외하고는, 가격표가 달린 제품은 그 가격이 판매자가 제시하는 가격이라고 보면 된다. (종종 고가의 제품을 카드대신 현금으로 구매할 경우에는 할인을 받기도 한다. 하지만 이 또한 구매자가 제시하기 보다는, 주로 판매자가 현금을 선호할 때 할인을 제안하는 식으로 거래가 성사되는 편이다.)

쇼핑 관련 어휘

• 계산원	cashier [kǽʃiər]
• 판매원	salesperson [séilzpə̀ːrsn]
• 탈의실(옷 입어 보는 곳)	changing room [tʃéindʒiŋ ruːm]
	fitting room [fítiŋ ruːm]
• 명품의류	designer clothing [dizáinər klóuðiŋ]
• 야외활동 의류	outdoor clothing [klóuðiŋ]
• 향수 및 화장품	perfume and make-up [pə́ːrfjuːm]
• 화장품	cosmetics [kɑzmétiks]
• 가정용 기구	home appliances [əpláiənsis]
• 가전제품	electronics [ilèktrániks]
• 세면도구(여행용)	toiletries [tɔ́ilitri]
• 스포츠 용품	sporting goods [spɔ́ːrtiŋ]
• 장난감	toys [tɔi]
• 보석 류	jewelry [dʒúːəlri]
• 선물	gift [gift]
• 기념품	souvenir [sùːvəníər]
• 쇼핑 카트	shopping cart
	trolley [tráli] (U.K.)
• 가격표	price tag [prais tæg]
• 점포정리 세일	clearance sale [klí(ː)ərəns]

쇼핑

1 Do I have to pay extra for shopping bags?

2 Where are the shopping carts /baskets?

3 You can't bring the shopping cart into this area.

4 Please leave your bag in the bag check area.

5 You can return it within the next two weeks.

6 I'm sorry. This is damaged.

   You can't get your money back for it.

해석

1 쇼핑백은 별도로 구입해야 하나요?
2 쇼핑카트/바구니는 어디에 있나요?
3 이곳으로 쇼핑카트를 반입할 수 없습니다.
4 가방은 가방보관소에 맡기세요.
5 이것을 2주내로 반납하시면 됩니다.
6 죄송합니다. 상품이 손상되었네요. 환불 받으실 수 없습니다.

1 Can I return this? I haven't worn it yet.

2 I'm sorry, you need a membership card to shop here.

3 Do you accept foreign currency / traveler's checks?

4 Can I get a discount if I pay in cash?

5 What is your best selling item this season?

6 Could you have it delivered to my hotel?

해 석

1 반품해도 되나요? 아직 안입었어요.
2 죄송합니다. 이곳에서 쇼핑하시려면 회원카드를 소지하셔야 합니다.
3 외화/여행자 수표를 받으시나요?
4 현금으로 구입하면 할인이 되나요?
5 요즘 가장 잘 팔리는 품목이 무엇입니까?
6 이것을 제 호텔로 배달해 주실 수 있나요?

Thomas' Exercises

Thomas' 말하기 쓰기
Exercises 어떤 장소에서 다음의 표현을 사용 할 수 있을지 쓰세요. [Sample 답안 330–331p.]

❶ You have to return it before the due date.

장소: _____

❷ Where is the dairy section?

장소: _____

❸ What designer labels do you carry?

장소: _____

❹ Is this authentic?

장소: _____

❺ The lens is out of focus.

장소: _____

❻ Can you take more off the sides?

장소: _____

❼ I'd like to buy some stamps.

장소: _____

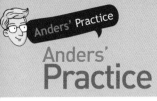

Anders' Practice

❶ 여러분은 지금 백화점에서 옷을 고르고 있습니다. 여러분이 찾고 있는 옷들을 백화점의 어디에서 찾을 수 있을지 질문하세요. 사이즈, 색상, 혹은 브랜드 등 여러분이 원하는 것을 말하는 것을 잊지 마세요.

➡ _____

_____

_____

_____

❷ 여러분은 고향으로 소포를 보내고자 합니다. 이 소포는 일주일 이내에 도착을 해야 합니다. 여러분은 우체국 직원에게 뭐라고 말할 수 있을까요?

➡ _____

_____

_____

_____

연락을 어떻게 하지?

여행을 하는 동안 한국에 연락하기 위해 전화와 인터넷을 사용하거나 현금을 찾기 위해 ATM을 이용하기도 한다. 요새는 해외 로밍 서비스를 신청해 가서 어디서든 편리하게 한국에 전화를 걸 수 있다. 만약 공중전화를 이용한다면 전화카드를 사서 거는 것이 저렴하다.

Chapter 07

전화, 인터넷, 은행업무와 현금인출기 이용하기

Using Phone, Internet, Banking & ATM

Using Phone, Internet, Banking & ATM

❶ 전화

❷ 인터넷

❸ 은행업무와 현금인출기

❹ Vocabulary

Unit 1 전 화 · Telephone

me 장거리 전화를 걸고 싶은데요.

I'd like to make a long distance call.

me 이 전화로 국제전화가 되나요?

Can I use this phone to make an international call?

me 전화번호부 좀 빌릴 수 있을까요?

May I borrow the phone book, please?

> White Pages 인명 전화번호부
> Yellow Pages 사업명 전화번호부(업소록)

me 선불카드는 어디서 사나요?

Where can I buy a prepaid phone card?

me 이 전화카드로 한국에 전화를 걸수 있나요?

Is this phone card valid for calls to Korea?

me 이 전화카드가 몇 분짜리입니까?

How many minutes does this phone card contain?

me 미국의 국가코드가 어떻게 되죠?

What is the country code for the USA?

◉ [전화상에서 교환원이] 어떻게 도와드릴까요?

How may I help you?

me 수신자부담으로 555-5555에 통화하고 싶습니다.
I'd like to make a collect call to 555-5555.

◉ 번호를 다시 불러주세요.

Please repeat the number.

◉ 이름의 철자를 말해주세요.

Please spell out the name.

◉ 잠시만요. 대기상태로 잠시 돌려놓겠습니다.

Please hold on. I'm going to put you on hold.

◉ 통화 중입니다.

The line is busy.

◉ 받지 않네요.

There's no answer.

◉ 연결이 되지 않습니다.

Your call has been disconnected.

me 연결상태가 좋지 않아요.

I'm getting a bad connection.

로밍하기 Roaming

로밍이란 이동통신사업자(cell phone provider)가 한국에서 해외로 갈 경우, 접속을 연계해 주는 서비스를 말한다. 외국에 나갈 때에도 쓰던 핸드폰을 그대로 사용할 수 있지만 다른 사업자의 무선기지국으로 로밍을 해두어야 한다. 일반적으로 로밍을 하려고 본인이 무엇을 굳이 할 필요는 없다. 외국기지국에서 자동적으로 회선을 끌어가므로 타국에 있을 경우 본 인의 핸드폰에 낯선 통신사의 이름이 뜨는 것을 볼 수 있다. 하지만 핸드폰기종이나 사양에 따라서는 출발 전 통신사에 로밍 서비스를 신청해야 하기도 한다.

로밍 서비스의 장점은 핸드폰을 굳이 바꾸지 않고도 해외에서 사용이 가능하다는 점이다. 반면에 로밍 서비스 이용료(roaming charges)가 매우 높으며 연결상태(network signal)가 그 다지 좋지 않을 수 있다. 최선의 방법은 로밍 서비스 비용이 할인되는 약정사항이 있는지 미리 확인해 보고 떠나는 것이다.

인터넷 · Internet

me 시간당 인터넷 사용요금이 얼마에요?

How much for an hour of internet?

◉ 컴퓨터 옆에 있는 요금함에 동전을 넣으세요.

Just put the coins in the deposit box next to the computer.

me 이 컴퓨터에 <u>워드</u>가 깔려 있나요?

Does this computer have Microsoft Word?

Internet Explorer 인터넷 익스플러러
Messenger 메신저

me <u>프린터</u>를 쓸 수 있습니까?

Can I use the printer?

scanner 스캐너   fax 팩스

me 이 서류를 이 번호로 팩스송신하고 싶은데요.

I'd like to fax this document to the following number.

me 여기에 제 USB를 꽂아도 될까요?

Can I plug in my USB here?

me 이 컴퓨터의 언어를 한국어로 어떻게 바꾸죠?

How do I change the language on this computer to Korean?

● 컴퓨터에 아무것도 다운로드 하지 마세요.

Please do not download any materials onto the computer.

me 이 컴퓨터는 작동이 안돼요.

This computer doesn't work.

me 인터넷이 너무 느려요.

The internet connection is too slow.

me 로그인이 안돼요.

I can't log on.

me 저한테 준 패스워드가 안 먹혀요.

The password you gave me doesn't work.

me 모니터스크린이 멈췄어요.

The screen froze.

은행업무와 현금인출기 ·
Banking & ATM

me 이 기계를 어떻게 사용하는지 알려주시겠어요?

Could you tell me how to use this machine, please?

me 현금인출기가 제 카드를 먹어버렸어요.

The machine took my card.

me 현금인출기에서 돈이 안 나왔어요.

The machine didn't give me any money.

me 현금인출기에서 금액이 틀리게 나왔어요.

The machine gave me the wrong amount.

Travel Tip

신용카드 수수료 Credit Card Fees

나라와 신용카드에 따라 해외에서 카드를 사용할 경우 발생되는 service fee(봉사료)나 credit card fee(신용카드 수수료)를 부담해야 할 때가 있다. 특히 호텔 내에서는 service fee가, 예약을 할 경우에는 credit card fee가 청구되기 마련이다. 이런 비용이 은근히 센 편이다. 내 경우 자국신용카드로 한국에서 현금을 출금할 때, 건당 5,000원의 수수료가 빠져나간다. 따라서 돈을 인출할 때나 환전할 때는 수수료까지 염두해 두어야 한다.

me 이 현금자동지급기 사용시 수수료가 있나요?

Are there any fees for using this ATM?

○ 네, 국제 카드를 사용하시면 추가 수수료가 부과됩니다.

Yes, you have to pay an extra fee for international cards.

me 한국의 계좌로 송금을 하고자 합니다.

I need to wire some money to a Korean bank account.

○ 고객님의 은행 계좌번호와 SWIFT그리고 IBAN 코드가 필요합니다.

We'll need your bank account number and the SWIFT and IBAN codes for the bank.

Travel Tip

해외에서 송금을 하려면 보통 다음과 같은 2종류 번호를 제공할 것이 요구됩니다.

○ IBAN(International Bank Account Number)
은행 국제 계좌번호 : 특정한 은행 계좌에 부여된 국제적인 코드

○ SWIFT (Society for Worldwide Interbank Financial Telecommunications)
은행간 국제 금융정보 통신조직

○ BIC (Bank Identifier Code)
은행별 국제 식별 코드

여행을 떠나기 전 한국에서 여러분이 거래하는 은행의 위와 같은 고유의 코드 번호를 잘 알아두세요!

전화 · 인터넷 · 은행업무와 현금인출기 관련 어휘

· 요금무료번호	toll-free number[toul-fri: nʌmbər]
	(기업이나 공공단체가 요금을 부담하는 전화번호)
· 공중전화	payphone[peifoun]
· 국제전화카드	international calling card
· 교환원	operator[ápərèitər]
· 국제전화 식별번호	exit code (e.g. US : + 011, UK : + 00)
· 국가번호	country code (e.g. Korea : + 82)
· 지역번호	area code (e.g. Seoul : + 2, Busan + 51)
· 수신자부담전화	collect call
· 시내전화	local call[lóukəl kɔːl]
· 장거리전화	long distance call[lɔːŋ dístəns kɔːl]

> 해외에서 한국으로 전화를 걸 때는, 그 나라별로 지정되어 있는 국제전화 식별번호+국가번호 82+지역번호+상대방번호 순으로 눌러야 한다. Washington D.C. 에서 서울로 전화를 걸고자 한다면 예컨대 011-82-2-XXXX-XXXX와 같이 번호를 누르면 된다.

· 무선인터넷	wireless internet (WIFI)[wáiərlis]
· 웹사이트	website
· 키보드	keyboard

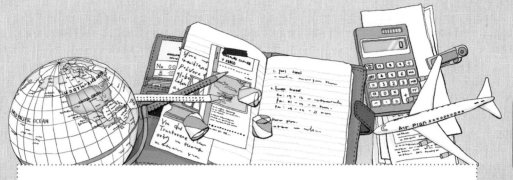

• 마우스	mouse
• 마우스패드	mouse pad
• 계좌번호	account number [əkáunt nʌmbər]
• 현금카드	debit card [kɑːrd]
• 입금(하다)	deposit [dipɑ́zit]
• 출금하다	withdraw [wiðdrɔ́ː]
• 현금	cash [kæʃ]
• 수수료	commission [kəmíʃən]
• 동전	coin [kɔin]
• 넣다	insert [insə́ːrt]
• (계좌를)이체하다	transfer [trænsfə́ːr]
• 계좌잔고	balance [bǽləns]
• 창구	window [wíndou]
• 봉투	envelope [énvəlòup]
• 부족한	insufficient [insəfíʃənt]
• 당좌예금	checking account [tʃekiŋ əkáunt]
• 저축예금	savings account [séiviŋ əkáunt]

1   The wifi connection isn't stable.

2   Do I need a password to log on to this computer?

3   I think this computer has a virus.

4   Someone hacked my email account.

5   You need to update the firewall software.

6   There's some static on the phone.

 해석

1   와이파이 접속이 원활하지 않네요. (와이파이 접속이 불안정하네요)
2   이 컴퓨터에 로그인 하려면 비밀번호가 필요한가요?
3   이 컴퓨터는 바이러스에 감염된 것 같네요.
4   누군가가 제 이메일 계정을 해킹한 것 같아요.
5   방화벽 소프트웨어를 업데이트 하셔야겠군요.
6   전화기에 잡음이 좀 있네요.

2.

1   I'm getting the "call waiting" tone.

2   Hello, who is this? This is Carl speaking.

3   I need to make an emergency call.

4   Is there an outlet to recharge my computer?

5   Can I use my recharger in this outlet?

6   Please show me how to use this phone card.

해석

1   통화 대기음만 들리네요.
2   여보세요, 전화 하신 분은 누구시죠? 저는 칼입니다.
3   긴급전화를 걸려고 합니다.
4   제 컴퓨터를 충전할 콘센트가 있나요?
5   이 콘센트에 제 충전기를 사용해도 되나요?
6   이 전화 카드를 어떻게 사용하는지 알려주세요.

T	L	V	I	R	U	S	D	N	O	M	P	T
M	O	K	G	S	Q	R	A	I	P	K	H	Y
O	G	U	P	D	O	O	T	W	E	F	O	U
U	I	F	I	W	K	F	A	D	R	D	N	E
S	N	U	S	S	E	D	B	K	A	H	E	J
E	C	S	L	B	Y	B	W	E	T	S	C	J
P	A	A	R	N	B	W	P	U	O	G	A	E
P	A	U	N	Q	O	G	N	A	R	L	R	I
L	F	E	S	F	A	T	X	O	G	X	D	P
H	A	R	G	B	R	I	C	L	R	E	K	N
Z	X	M	W	V	D	P	R	I	N	T	E	R

가로 세로 퍼즐에 숨겨진 컴퓨터와 전화에 대해 관련된 단어를 찾아보세요.

1) _____   6) _____   11) _____

2) _____   7) _____   12) _____

3) _____   8) _____   13) _____

4) _____   9) _____   14) _____

5) _____   10) _____

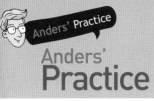

전화이용

❶ 여러분은 (한국의) 집에 전화할 수 있도록 전화카드를 사야합니다. 판매원에게 어떤 카드를 사야하는지 물어보고 그 카드로 한국으로 통화가 가능한지도 확인하세요.

➡ _____

_____

_____

_____

❷ 여러분은 호텔에서 와이파이에 접속을 하려고 합니다. 누군가에게 어떻게 접속해야 하는지 그리고 비밀번호가 무엇인지 물어보세요.

➡ _____

_____

_____

_____

어디부터 둘러볼까~?

대부분의 대도시들에는 다양한 즐길 거리를 구비하고 있는 장소들이 있다. 본인의 취향, 예산, 연령대 등에 따라 카지노(casino), 놀이공원(amusement park), 수족관(aquarium), 콘서트(concert), 야구 / 축구 / 농구경기(baseball / football / basketball game), 미술전시회 / 박물관(art gallery / museum) 또는 국립 / 과학 / 동물 / 역사박물관(national / science / zoological / history museum) 등을 방문할 수 있다. 또한 카운티 축제 / 주 축제(county / state fair)를 접할 기회가 있을 수도 있다. 더불어 늘 눈을 크게 뜨고 페스티벌(festivals), 거리축제(street fairs) 및 퍼레이드(parades)라고 불리는 각종 계절행사들에 가보는 것도 좋은 방법이다.

여행이나 갈까?

Chapter 08

관광하기

Entertainment and Activities

Entertainment and Activities

Unit 1 박물관 및 극장 · Museum & Theatre

me 매표소가 어디에요?

Where is the ticket booth?

counter

me 표는 어디서 사죠?

Where can I buy a ticket?

me "오페라의 유령"티켓 두 장 주세요.

Two tickets for "The Phantom of the Opera", please.

me 오늘 저녁에 그 오페라 티켓을 하나 예약하려고 합니다.

I'd like to reserve a ticket for the opera this evening.

theatre 극장   play 연극

● 죄송합니다. 매진입니다.

Sorry, tickets are sold out.

me 가능한 티켓들이 어떤 것들이 있나요?

What tickets are available?

● 몇 일요? 몇 시요? 얼마짜리 티켓으로요?

What date? What time? What price class?

● A, B, C 석과 발코니 석에는 좌석이 있습니다.

There are seats available in sections A, B, C and on the balcony.

me 가장 저렴한 좌석의 티켓은 뭐죠?

What is the cheapest ticket?

● C 석이 30달러로 가장 저렴합니다.

Section C is the cheapest, $30.

me 그 곳의 가시성은 어느 정도인가요?

How is the visibility from there?

• 몇몇 좌석들은 가시성이 다소 제한되기도 하겠지만 모두 다 무대가 보이는 구역들입니다.

Some seats have restricted visibility but all of them are in view of the stage.

me 관계없어요. 내일 저녁 공연으로 C구역 티켓 두 장 주세요.

I don't mind (= That's fine). Two tickets for section C for tomorrow evening, please.

me 그 쇼가 얼마나 오래 하죠?

How long does the show last?

performance 공연   play 연극

me 인터미션(중간 휴식)이 있습니까?

Is there an intermission?

◉ [콘서트에서] 이 티켓들은 스탠딩 석입니다.

These tickets are standing room only.

◉ 식음료 반입 및 사진, 동영상촬영 금지

No eating, drinking, filming or flash photography is permitted.

◉ 가방은 맡기고 입장하십시오. 카메라는 가방에 넣어두고 가세요.

You have to check your bag (in our coat check area). You have to leave your camera in your bag.

◉ 박물관은 일요일과 목요일에 휴장합니다.

The museum is closed on Sundays and Thursdays.

● 수요일은 입장료가 무료입니다.

Admission is free on Wednesdays.

me 입장료가 있나요?

Is there an admission charge?
entrance fee

me 관광객 할인이 있나요?

Is there a tourist discount?
student 학생   senior 경로

me 괜찮은 미술 전시회 좀 추천해주시겠어요?

Could you recommend a good art exhibit?
· ceramics 도자기   · antiques 골동품
· design 디자인   · sculpture 조각/조소
· photography 사진

me 몇 시에 박물관이 문 닫나요?

What time does the museum close?

me 박물관 지도가 있습니까?

Is there a map of the museum?

me 박물관 안내책자가 있습니까?

Do you have guidebooks for the museum?

a brochure

me 한국어로 소개되는 헤드폰이 있나요?

Do you have any Korean headsets?

me 기념품가게가 있나요?

Is there a souvenir shop here?

gift

me 여기서 사진 찍어도 되요?

Can I take pictures here?

 Travel Tip

대도시에 머물면서 어느 금요일 밤 무엇을 할지 모르겠다면, 지하철이나 기타 공공장소에 있는 무가지(public newspapers)를 몇 부 집어오자. 그 안에는 종종 지역소식과 더불어 각종 오락 및 행사 스케줄이 안내되어 있다. 또 다른 방법으로는 그 도시 대학을 방문해 보자. 많은 대학들이 대학신문 (또는 학생신문)을 발행하는데, 거기에는 라이브음악콘서트나 쇼핑에 관련된 꽤 상세한 정보들이 제공되는 경우가 많기 때문이다.

단체관광 • Group Tours

a. 여행사에서 At the Tourist Agency

me 신뢰할 만한 여행사를 추천해 주시겠습니까?

Can you recommend a reliable travel agency?

tour company

me 한국어를 하는 가이드가 있나요?

Is there a Korean-speaking guide?

me 저는 관광투어에 합류하고 싶은데요.

I'd like to join a sightseeing tour.

city bus tour 시티버스 투어
three-day, two-night tour 2박3일 투어

me 크루즈 여행을 예약하고 싶습니다.

I'd like to book a cruise.

me 여기서 출발하는 괜찮은 당일치기 상품이 있나요?

Are there any good day-trips from here?

me 개별여행으로 어떤 상품을 추천해 주시겠습니까?

What do you recommend for singles?

couples 커플
families with children 아이들을 동반한 가족

me 이 여행상품에 포함되는 내역이 뭐가 있죠?

What's included in this tour?

me 그 가격에 점심식사가 포함되어 있나요?

Does the price include lunch?

accommodation 숙박비
travel costs 여행경비

me 그룹이 몇 명입니까?

How big is the group?

me 가장 인기 있는 행선지는 어디인가요?

What are the most popular destinations?

me 도시 지도가 있나요?

Do you have a city map?

me 쿠폰 북이 있습니까?

Do you have a coupon book?

me 오늘 날씨가 어떨까요?

What will the weather be like today?

tomorrow 내일
this week 이번 주

◉ 대략 20도 정도 됩니다.

It's about 20 degrees.

◉ 맑은 날씨입니다.

It'll be clear.

sunny 햇살이 좋은   overcast 잔뜩 흐린
drizzling 비가 부슬부슬 내리는

◉ 폭풍우가 있을 예정입니다.

There'll be heavy storms.

strong winds 강한 바람
hail 싸리 눈

◉ 버스는 호텔에서 내일 오전 8시45분에 출발합니다. 시간에 맞춰 나와주십시오.

The bus departs from your hotel at 8:45 tomorrow morning. Please be there on time.

b. 관광 중에 On the Tour

● 제 이름은 앤디이며, 오늘 여러분의 관광 가이드입니다. 어떤 궁금한 사항들이 있으시면 말씀해주세요.

My name is Andy and I'll be your (tour) guide for today. Please let me know if you have any questions.

● 그룹을 벗어나지 마세요.

Please stay with the group.

● 그룹 뒤에 쳐지시면 안됩니다.

Don't fall behind.

me 저는 2박3일 여행으로 결제했습니다. 여기 제 영수증입니다.

I signed up for the three-day trip. Here is my receipt.

me 와, 여기 경치가 훌륭하군요!

Wow, this scenery is beautiful!

breathtaking 숨막힐 정도입니다
magnificent 웅장하네요
so inspiring 아주 감동적입니다

me 이 줄은 뭐죠?

What is this queue for?

line

me 새치기하지 마세요! 내가 첫 번째로 여기 왔거든요. 제 뒤에 줄을 서주세요.

Don't cut in line! I was here first. Please queue behind me.

me 제 자리 좀 지켜주실래요?

Could you keep my seat for me?

me 잠깐 이 줄에서 제 순서를 좀 지켜주시겠어요?

Could you hold my place in line for me?

me 우리가 몇 시까지 돌아와야 하나요?

What time do we have to return?

me 다음 장소까지는 얼마나 걸리죠?

How long till the next stop?

me 다음 장소에서 얼마나 오래 머뭅니까?

How long do we have at the next stop?

me 몇 시에 투어가 끝나죠?

What time does the tour finish?

me 몇 시에 우리는 여행사로 돌아갈 예정입니까?

What time will we be back at the travel agency?

me 점심식사는 몇 시인가요?

What time is lunch?

me 저 멀미나요.

I feel carsick.

◉ 이 곳에서 40분간 머물게 됩니다. 이 버스로 오후 1시20분까지 돌아오십시오.

We will be stopping here for 40 minutes. Please come back to the bus by 13:20.

스포츠 및 야외활동 ·
Sports & Outdoor Activities

me 가장 가까운 농구코트가 어디죠?

Where's the nearest basketball court?

soccer field 축구장	golf course 골프장
gym 체육관(피트니스센터)	swimming pool 수영장
tennis court 테니스코트	rodeo 로데오장
ice skating rink 아이스링크	

me 이 근처에 국립공원이 있나요?

Is there a national park near here?

a mountain 산   an ocean 바다

me 근처에 캠핑장소가 있나요?

Is there a campsite nearby?

me 이 산의 이름이 뭐죠? 얼마나 높아요?

What is the name of this mountain? How tall is it?

me 전 등산하러 가고 싶어요.

I'd like to go hiking.

fishing 낚시   rock climbing 암벽타기
skiing / snowboarding 스키 / 스노보딩
windsurfing / rafting / kayaking 윈드서핑 / 래프팅 / 카약
hang gliding / parasailing 행글라이더 / 파라세일링
horseback riding 말타기

me 여기서 정상은 얼마나 먼가요?

How far is it to the peak from here?

me 이 산을 타는 것이 안전한가요?

Is it safe to climb this mountain?

me 이 산에 이정표 설치된 등산로가 있습니까?

Are there marked trails on this mountain?

me 자전거를 빌리고 싶은데요.

I'd like to rent a bicycle.

> a ball 공   some skis 스키
> some scuba-diving equipment 스쿠버다이빙 장비
> a swimsuit 수영복

me 어느 쪽이 가장 빠른 경로인가요?

Which is the fastest route?

> trail / course

> safest 가장 안전한   easiest 가장 쉬운   most scenic 가장 경치가 좋은
> most convenient 가장 용이한

 English Tip

Rent VS. Hire

동사 rent 는 사물을 목적어로 취할 때 쓰고 (예: rent some golf clubs 골프채를 빌리다), 동사 hire 는 사람을 목적어로 취할 때 쓴다. (예: hire a guide 가이드를 고용하다)

○ 안전요원 없음.

No lifeguard on duty.

○ 뛰거나 다이빙하지 마시오.

No running or diving.

`me` 비치의자를 빌리고 싶은데요.

I'd like to rent a beach chair.

parasol 파라솔	life jacket 구명조끼
towel 타월	some flippers 오리발

`me` 여기 상어가 출몰하나요?

Are there any sharks in the waters?

`me` 여기서 서핑 해도 안전한가요?

Is it safe to go surfing here?

snorkeling 스노클링

`me` 제 등에 선 블록을 좀 발라주시겠어요? 예쁘게 태닝하고 싶어요.

Could you apply this sun block on my back? I want a nice tan!

me 해변에서 모래성을 쌓을 거에요.

I'm going to stay on shore and build a sand sculpture.

work on my tan 태닝 할
take a nap 낮잠 잘

me 이 워터파크에서 가장 빠른 슬라이드가 어떤 거죠?

What is the fastest water slide at this water park?

me (수영장 물의) 염소성분 때문에 눈이 아파요.

The chlorine is hurting my eyes.

● 리프트를 타시려면 리프트권을 구매해야 합니다. 이 리프트권으로 제한없이 종일 타실 수 있어요.

You need to buy a lift pass to ride the ski lift. This pass gives you unlimited rides for the rest of the day.

me 고급자 코스가 있나요?

Do you have any black pistes?

> intermediate pistes 중급자 코스
> children's pistes 아동 코스
> sledding areas 눈썰매 구역

me 강의가 필요해서요. 초급자 반에 합류하고 싶습니다.

I need an instructor. I'd like to join a group for beginners.

me 구르다가 폴대를 잃어버렸어요.

I crashed and lost my ski pole.

me 리프트에서 안경을 떨어뜨렸어요.

I dropped my glasses on the ski lift.

● 빙판 쪽으로 가지 마세요. 코스 밖으로 나가지 마세요.

Stay away from icy areas. Don't go off-piste.

me 엉덩이가 아파요. 숙소에 들어가서 좀 쉴래요.

My butt is sore. I'm going to go relax at the lodge.

me 허벅지가 욱신거려요.

My thighs are aching.

English Tip

숙련도 Proficiency Level

어떤 야외활동이나 스포츠를 할 때, 내 실력과 숙련도에 대해 아래 구문을 활용하여 표현할 수 있다.

I'm _____

- a beginner / an amateur / inexperienced.
  저는 초보자 / 아마추어 / 미숙한 단계에요.

- OK / decent / experienced.
  전 괜찮게 해요 / 많이 해봤어요.

- an expert / a professional / skilled.
  전 전문가예요 / 프로에요 / 능숙해요.

야외활동의 난이도는 보통 아래와 같이 분류된다.

- Easy / Beginner 초급   - Intermediate 중급   - Advanced 고급

그 밖의 야외활동들 • Other Activities

a. 놀이공원에서 At the Amusement Park

● 이 놀이기구를 타려면 120cm 에 건강상태가 양호해야 합니다.

You must be at least 120 centimeters tall and in good health to ride this ride.

me 공원지도를 받을 수 있을까요?

Could I get a park map, please?

me 선물가게가 어디에요?

Where is the gift shop?

me 저는 놀이기구 탈 때 찍어주는 사진을 사고 싶은데요.

I'd like to buy an on-ride photo.

a souvenir key chain 기념품 열쇠고리
a teddy bear 테디베어

me 놀이공원이 몇 시에 문닫나요?

What time does the park close?

● 놀이기구 안으로 손이나 팔을 넣어주시고, 운행 중에는 반드시 자리에 앉아계십시오.

Please keep your hands and arms inside the vehicle and stay seated at all times.

me 그 퍼레이드는 몇 시에요?

What time is the parade?

fireworks display 불꽃놀이

me 이걸 타려면 얼마나 오래 기다려야 하지요?

How long is the wait for this ride?

me 솜사탕 두 개 주세요.

Two candyfloss, please.

솜사탕	[미국] cotton candy
	[영국] candyfloss
	[호주] fairyfloss

candied apples 설탕코팅 사과   churros 추로스

me 어지러워요. 토할 것 같아요.

I feel dizzy. I think I'm going to throw up!

sick 울렁거려요

221

b. 영화관에서 At the Movies

me 이 영화가 아이들이 보기에 적합한가요?

Is this movie suitable for young children?

me 오후 2시45분, "컨테이젼"으로 2장이요.

Two tickets for"Contagion"at 2:45 PM.

● 어떤 좌석으로 하시겠어요?

Which seats would you like?

me 앞의 아무데나요. 스크린 가까운 데 말고요.

Somewhere in the front. Not too close to the screen.

middle 중간	back 뒤
center 가운데	sides 가장자리

me 지정 좌석제인가요?

Are the seats numbered?

● 지정석은 아닙니다.

The seats are unnumbered.

not numbered

me 버터맛 팝콘 큰 사이즈로 주세요.

I'd like a large bucket of buttered popcorn.

sugar 설탕 첨가	salted 소금 첨가

222

시간 표현 Telling Time

시간을 말할 때 가장 쉬운 방법은, 그냥 숫자만 왼쪽(hours:시)에서 오른쪽(minutes:분)으로 읽어가는 것이다.

5:37 = five thirty seven
3:22 = three twenty two
17:50 = five fifty (seventeen이라고 하지 않음)

덧붙여서, '분'을 말할 때는 0에서 30분까지 past 를 사용하고, 30분에서 60분까지는 to 를 사용하여 '분 + 전치사 + 시간'의 순서로 말할 수 있다.

2:20 = twenty past two (2시에서 20분 지난)
2:40 = twenty to three (3시 20분 전)
7:05 = five past seven (7시에서 5분 지난)
7:55 = five to eight (8시 5분 전)

또한 30분 지났다는 의미로 half past (* 'half to'란 말은 없음)란 표현을 쓰며 15분, 30분, 45 분 단위로 잘라 'quarter past/to'라는 표현도 쓴다.

6:30 = half past six (6시반)
9:15 = quarter past nine (9시 15분)
11:45 = quarter to twelve (12시 15분 전)

유럽과 영국연방 국가들에서는 24시간제(24-hour system) 를 쓴다. 즉 오전 AM 1시에서 12시까지는 무관하나, 오후 PM 시간대부터는 13시에서 24시로 표현한다. 예를 들면, 6PM은 18:00, 11PM은 23:00이 된다. 하지만 이 표현은 오로지 글로 표기할 때나 해당될 뿐, 일상생활에서는 편하게 one o'clock(1시), six o'clock(6시) 또는 eleven o'clock(11시) 이라고 말하면 된다.

집에서 멀리 떨어진 집
A Home Away From Home

만일 한국음식이나 노래방이 너무 그립다면, 많은 대도시들에 있는 한인타운을 방문해보자. 예를 들어 LA의 윌셔가(Wilshire Boulevard)나 Manhattan의 32번가(32nd street) 또는 토론토 Bloor Street에 있는 한인타운을 들러본다.

방문한 도시에 한인 타운이 있는지 물어보는 표현을 소개한다.

- Does this city have ⌐ a Korea town?
  ⌐ a Korean district

  이 도시에 한인타운이 있습니까?

쉬어가는 페이지~

외국 명절들 Foreign Holidays

Holiday (명절)	When? (날짜)
Australia Day 호주의 개천절	1월 26일
Valentine's Day 발렌타인데이	2월 14일
Presidents' Day 대통령의 날(미국고유의 국경일)	2월 세 번째 월요일
St. Patrick's Day 아일랜드 국경일	3월 17일
Easter 부활절	3월~4월
ANZAC Day (Australia) 호주와 뉴질랜드의 현충일	4월 25일
Independence Day 독립기념일(미국)	7월 4일
Labor Day 노동절	9월 첫 번째 월요일
Halloween 할로윈	10월 31일
Guy Fawkes Night 영국 국왕의 무사함을 축하하는 가이폭스의 밤	11월 5일
Christmas 크리스마스	12월 25일
Boxing Day 박싱 데이	12월 26일 (크리스마스 이후 많은 상점에서 대대 적인 할인행사를 하는 날)

다양한 국경일, 기념일들이 있다. 이런 날에는 특별한 퍼레이드나 쇼핑프로모션, 모닥불 피우기(bonfires), 교회행사들, 계절음식축제, 스포츠이벤트, 카니발축제 및 콘서트 등이 어우러진 기념행사가 주최되기 때문에 여행객으로서는 그 지역의 문화를 접할 수 있는 훌륭한 기회가 된다.

VOCABULARY

관광 관련 어휘

• 옷 보관소	coat check
• 휴대품 보관소	cloakroom [klóukrù(ː)m]
• 가시제한구역	partial visibility [pɑ́ːrʃəl vìzəbíləti]
	limited visibility [límitid vìzəbíləti]
	restricted visibility [ristríktid vìzəbíləti]
• 중간휴식	intermission [ìntərmíʃən]
• 예약	reservation [rèzərvéiʃən]
• 예약하다	reserve [rizɔ́ːrv]
• 쌍안경	binoculars [bainɑ́kjulər]
• 연장자	senior citizen [síːnjər sítizən]
• 그룹할인	group discount [gruːp diskáunt]
• 박물관	museum [mjuːzíːəm]
• 미술관	art gallery / art museum [mjuːzíːəm]
• 전시회	exhibit [igzíbit]
• 관람회	exhibition [èksəbíʃən]
• 특별전시회	special exhibit [igzíbit]
• 발코니 쪽 좌석	balcony seat [bǽlkəni siːt]
• 안내데스크	information desk / help desk
• 매표소	ticket counter / box office
• 종일권	all-day pass

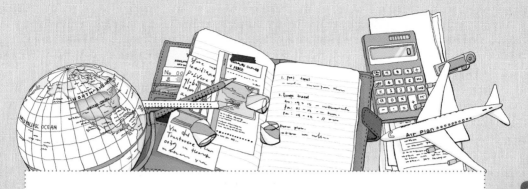

• 일반입장권	general admission ticket[ədmíʃən]
• 놀이기구 개별티켓	single ride ticket[raid]
• 키 제한	height restrictions[hait ristríkʃən]
• 테니스채	tennis racket[ténis rǽkit]
• 골프채	golf clubs
• 컨트리클럽(골프장)	country club
• 골프 카트	golf cart
• 캐디	caddy
• 골프장 이용료	green fee[fiː]
• 여행사	travel agency
• 여행일정	itinerary[aitínərèri]
• 관광명소	tourist attraction[túərist ətrǽkʃən]
• 전망대	observation tower[àbzərvéiʃən]
• 지정석	reserved seat[rizə́ːrvd siːt]
• 회전목마	carousel[kæ̀rəsél] / merry-go-round
• 청룡열차	roller-coaster[róulər-kóustər]
• 13세 미만은 보호자 동반이 요망되는 (영화)	PG-13
• 우천 교환권	rain check

227

1 Can I bring this food into the theatre?

> stadium 경기장안

2 Please put your phone on silent.

> airplane mode 비행기모드

3 Where can I buy some snow spikes for my hiking boots?

> cleats 미끄럼방지

4 Can we stop the tour bus? I'm feeling carsick.

5 The equipment I rented broke. I need to get it replaced.

6 I can't find my way back to our rendezvous point. Please help me.

해석

1 이 음식을 극장안으로 가져갈 수 있나요?
2 휴대폰은 무음으로 전환하세요.
3 스노우 아이젠 등산화를 어디서 구입할 수 있나요?
4 관광버스를 잠깐 세워주실 수 있나요? 차멀미가 나서요.
5 제가 빌린 장비가 고장이 났어요. 다른것으로 대체해야 겠어요.
6 집결지로 되돌아가는 길을 찾을수가 없네요. 도와주세요.

2.

1 We'll pick you up in front of your hotel at 6 a.m.

2 This isn't the tour I paid for!

3 Keep this receipt and show it to the tour guide. It's your proof of purchase.

4 I'd like to join a museum tour. When is the next available one?

5 Do I have to bring my own boots or will you provide them it?

swimsuit 수영복   towel 수건

6 Is this movie subtitled?

해석

1 오전 6시에 호텔 앞으로 모시러 가겠습니다.
2 이것은 제가 결제 한 투어가 아니에요!
3 이 영수증을 잘 보관하셨다가 투어가이드에게 보여주세요. 결제하셨다는 증명이니까요.
4 박물관 투어에 함께하고 싶은데요. 다음 가능한 투어는 언제인가요?
5 제 부츠를 가져가야 하나요? 아니면 제공해 주시나요?
6 이 영화는 자막 처리가 된 것인가요?

관광하기

Thomas' 말하기 쓰기
Exercises 알맞은 단어를 고르세요. [Sample 답안 334-335p.]

❶ Where is the ticket [counter / checkout]?

❷ I'd like a large [bucket / bag] of buttered popcorn.

❸ You must be in good health to [do / ride] this ride.

❹ Please stay [sitting / seated] at all times.

❺ I feel sick. I think I'm going to throw [up / out] !

❻ How long does the performance [wait / last] ?

❼ Is there a [brochure / magazine] of the museum?

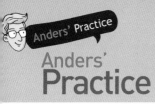
❶ 여러분은 일일 관광을 예약하기 위하여 여행사를 방문하고 있습니다. 관광 가이드에게 어떤 여행 상품을 제공/추천하고 있는지, 여러분이 방문하고 싶은 곳은 어디인지 말하고, 몇 시에 관광이 시작하고 끝나는지, 그리고 식사는 포함이 되는지 아닌지를 물어보세요.

⇒ _____

_____

_____

_____

❷ 여러분은 지금 극장에서 줄을 서 있습니다. 갑자기 화장실을 가야만 하는데 지금 서 있는 줄에서 자리를 잃기 싫다면 여러분의 뒤에 서 있는 사람에게 어떤 말을 할 수 있을까요?

⇒ _____

_____

_____

_____

관광하기

231

대화의 묘미

여행의 백미 중 하나는 색다른 사람들과 이야기를 나눌 기회가 있다
는 점 아닐까? 나는 외국을 여행하면서 돈독한 우정을 쌓게 된 경험
담들을 주변에서 많이 들어왔다. 언어가 다르다고 겁먹지 말고 용감
히 모험을 나서 보자. 시작하기 전에는 당신이 누구를 만나게 될 지
결코 알 수 없는 법이다.

사람들 만나기

Meeting People

Meeting People

Unit 1 대화 시작하기 • Initiating Conversation

me 실례합니다. 잠시 얘기할 수 있을까요?

Excuse me, could I talk to you for a while?

me 제가 방해하지 않았기를 바래요. 저는 여기 관광객입니다. 당신에게 질문 몇 가지 해도 될까요?

I hope I'm not interrupting. I'm a visitor here. Could I ask you a few questions?

me 당신에게 질문 좀 하면 안될까요? 영어 연습을 좀 하고 싶어서요.

Do you mind if I ask you some questions? I'd like to practice my English.

me 실례합니다. 무슨 책을 읽고 있나요?

Excuse me. What book are you reading?

me 무슨 CD를 듣고 있나요?

What CD are you listening to?

me 그 멋진 가방은 어디서 사셨어요?

Where did you buy that cool bag?

me 낯선 사람에게 말을 걸자니 좀 긴장되는군요.

I feel a little nervous talking to a stranger.

approaching 접근하자니

 English Tip

공공장소에서의 인사 Public Greetings

한적한 길에서 낯선 이를 지나칠 때, 누군가와 공연히 눈이 마주쳤을 때, 아니면 아무도 없는 길, 특히 야외의 자연 환경 속에서 다른 보행자를 지나치거나 눈이 마주치게 되는 경우 상대방에게 인사를 건네는 것이 예의다.

인사는 보통,

오전 : Good morning
오후 : Good afternoon
저녁 : Good evening   ──┐
시간에 상관없이 : Hi there.   ├── 안녕하세요?
            How are you?   │
            Hello.   ──┘

정도면 된다.

가벼운 인사에서 짧은 대화로 이어지는 경우도 있지만 보통은 상대방도 비슷한 정도의 인사로 대꾸할 것이고, 그런 후 다시 각자 가던 길을 가면 된다.

● 언제 도착했나요? 얼마나 오래 이 곳에 머물렀나요?
얼마나 오래 머무세요?

When did you arrive? How long have you been here? How long are you here for?

● 어디서 왔어요?

Where are you from?

me 한국 서울이요. 들어본 적 있으세요?

Seoul, South Korea. Have you heard of it?

me 가본 적 있으세요?

Have you been there?

● 다음 행선지는 어디입니까? 다른 곳으로도 여행할 계획이 있으신가요?

Where are you going next? Are you planning to travel anywhere else?

● 사람들을 많이 만났습니까? 지금까지 어떤 것들을 봤나요?

Have you met many people? What have you seen so far?

● 이 곳이 맘에 드시나요? 이 나라에 대해 어떻게 생각하세요?

Do you like it here? What do you think of this country?

me 네, 이 곳은 훌륭한 나라인걸요.

Yeah, it's a great country.

me 네, 정말 흥미롭습니다.

Yes, it's really interesting.

me 솔직히, 좀 실망했어요.

Actually, I'm a little disappointed.

me 날씨가 훌륭하네요.

The weather is great here.

me 어디 좋은 레스토랑을 추천해 주시겠어요?

Can you recommend a good restaurant?

hotel 호텔
nightclub / bar 나이트클럽 / 바
place to take pictures 사진 찍을 만한 곳
place to go hiking 등산할 만한 곳
place to go shopping 쇼핑할 만한 곳
place to meet new people
새로운 사람을 만날만한 곳

me 저는 기념품을 구입할 수 있는 곳을 찾고 있어요.

I'm looking for a place to pick up some souvenirs.

play basketball 농구경기를 할 수 있는
buy designer brands 명품을 구입할 수 있는
take some good photos 사진 찍기 좋은
get some exercise 운동할 만한

문화적 주제 및 대화 소재들
Cultural Issues and Conversation Topics

다행히 서양인들과 얘기하는 일에 많은 규칙들이 있지는 않다. 설령 정치관, 나이, 수입과 관련된 주제들이 상대방의 기분을 언짢게 할 수도 있을지라도 정중한 방식으로 대화를 이끌어가면 대부분 이상하게 생각하지 않고 도리어 당신의 솔직함과 호기심에 고마워할지도 모른다.

예컨대 정중한 질문은 이렇게 시작할 수 있을 것이다.

● Do you mind if I ask you how old you are?
 제가 나이를 물어보면 실례가 될까요?

현실적인 조언을 하자면, 한국에 존재하지 않는 문화적인 화제 또는 사회·정치적인 화제에는 조금 더 신경을 쓰자는 것이다. 예를 들면, 이민자문제나 인종차별에 관한 대화가 그러하다. 첫 대면부터 쿠바인에게 공산주의(Communism)에 대해, 태국인에게 그들의 왕족(royal family)에 대해, 독일인에게 나치즘(Nazism)에 대해 묻는 일은 자제해야 한다. (한번은 한국인들로부터 처음 만난 자리에서 나치즘에 대한 질문을 받은 적이 있었는데 나로서도 그다지 유쾌하지 않았다. 심지어 난 독일인이 아님에도...)

또한 상대방이 불쾌할 수 있는 용어는 사용하지 않아야 한다. 비록 'black people'이란 말이 흑인들을 칭하는 말로 쓰인다고 해도, 내 한국친구들이 'black music'이라는 단어를 쓰는 걸 들을 때마다 난 좀 민망하다. 모든 래퍼들이 흑인이라고 단정짓지 말자. 대신 음악 장르에 따른 고유한 명칭들을 사용하여 말하자. "Rap", "Hip-hop", "R&B", "Soul", "Motown" 또는 "Funk" 등.

귀찮은 듯 애매하게 대답하기
How to Be Annoyingly Noncommittal
[ənɔ́iiŋli]   [nɑ̀nkəmítəl]

때때로 당신은 어느 한 의견에 전적으로 동의하고 싶지 않을 때가 있을 것이다. "yes"나 "no", "good" 또는 "bad"로 딱히 입장을 표명할 수 없을 때에는 다음과 같이 대답하면 된다.

- (I think so, but) I'm not sure.
  (그렇게 생각은 하지만) 잘 모르겠네요.

- I can't decide.
  결정을 내릴 수 없군요.

- I need to think about it.

  Give me some time to think about it.
  그것에 대해 생각을 좀 해봐야겠습니다.
  그것에 대해 생각할 시간을 좀 주세요.

- It's (just) OK. It's so-so. It's decent. It's all right.
  (뭐 그냥) 괜찮네요. 그저 그래요. 적당하고 나쁘지 않아요. 좋아요.

- Maybe.
  어쩌면요.

● 여기 제 번호입니다. 머무는 동안 도움이 필요하거나 문의가 있으시면 편하게 연락주세요.

Here's my number. If you have any questions or need help while you are here, feel free to call me.

me [소개받을 때] 만나서 반갑습니다.

Pleased to meet you.
Nice to meet you.

me [헤어질 때] 대화 즐거웠습니다.

Nice talking to you.

me [헤어질 때] 만나서 반가웠습니다!

It was great to meet you!

me [헤어질 때] 다시 뵙길 바랍니다.

Hope to see you again.

me 당신 의견에 (전적으로)동의해요.

I (completely) agree with you.

me 그것에 (전적으로) 동의하지 않아요.

I (completely) disagree with that.

me 그건 우리 나라와 <u>비슷하군요</u>.

That's **similar to** my country.

different from 다르군요

me <u>죄송합니다</u>. 제 잘못이에요.

I'm sorry. It was my fault.

I apologize.

me 감사합니다. 대화 정말 즐거웠어요.

Thanks for talking with me.
I really enjoyed our conversation!

me 사진 좀 찍어주시겠어요?

Could you take my picture?

me 당신과 같이 사진 찍어도 될까요?

Can I take a picture with you?

me 아기가 너무 귀여워요. 아기 사진을 한 장 찍어도 될까요?

Your baby is really cute. Can I take a picture of him?

(여자 아이일 경우 him 대신에 her를 쓴다.)

me 뒤에 배경이 나오게 찍어주세요.

Please include the background.

scenery 경관

me 줌을 쓰려면 이 버튼들을 사용하세요. 플래시를 사용해 주세요. 사진 찍는 건 그냥 이 버튼만 누르시면 되요.

You can use these buttons to zoom. Please use the flash. Just push this button to take the photo.

me 가로로 찍어주세요.

Take it horizontally, please.

vertically 세로로   length-wise 길이가 길게

친구 사귀기 • Making Friends

me 여기 앉아도 될까요?

Can I sit here? / Is this seat taken?

me 제가 한 잔 사도 될까요?

Can I buy you a drink? / Let me buy you a drink.

me 담배 좀 빌릴 수 있을까요? 불 있으세요?

Can I borrow a cigarette? Do you have a light?

lighter

me 전 여기에 3일 동안 있어요.

I'm here for 3 days.

weeks 주   months 달

me 전 여기 휴가차 왔어요.

I'm here on vacation.

on business 업무차   to study 공부차

me 춤 추실래요?

Do you want to dance?

me 이봐요, 노래방에 갈래요?

Hey, you want to go to a karaoke bar?

English Tip

'PC방', '노래방' 같은 한국용어를, 그런 업종이 아예 없거나 다른 명칭으로 불리고 있는 나라에서 사용하는 것은 바람직하지 않다. (이 경우, PC cafe 와 karaoke bar 라고 한다.) 흔히 말하는 콩글리쉬도 마찬가지다. (콩글리쉬의 바른표현 312 참조)

아래 자주 쓰이는 한국식 영어표현들이 있다.

set menu (세트메뉴) → meal, combo

hand phone (핸드폰) → cell phone, mobile phone

service (서비스) → free sample

whipping cream (휘핑 크림) → whipped cream

one-plus-one (1+1) → buy one, get one free

me 전 영어는 (그다지) 못해요.

I don't speak (a lot of) English.

much 잘

I'm not good at English.

me 전 영어는 꽝입니다.

I suck at English. / I'm terrible at English.

me 제 영어는 그냥 괜찮은 정도에요.

My English is just OK.

me [사람을 소개할 때] 이 사람은 저의 <u>친구</u>입니다.

This is my friend.

> boyfriend 남자친구   girlfriend 여자친구
> brother 형제   sister 자매
> co-worker 직장동료

me 여긴 지루하네요. 다른 곳으로 가지요.

This place is boring. Let's go somewhere else.

me 이 곳에서는 무엇을 하면 좋은가요?

What do you recommend to do here?

me 시내에 당신이 가장 좋아하는 장소는 어디에요?

Where is your favorite place in town?

● 이 나라에서 가장 당신이 좋아하는 것은 무엇입니까?

What do you like best about this country?

me 전 <u>쇼핑</u>이 정말 좋아요.

I really like the shopping.

> nature 자연이
> local culture 지역문화가
> beautiful women 아름다운 여성들이
> handsome men 잘생긴 남자들이
> friendly people 친근한 사람들이

me 전 평소에 술을 별로 안마셔요.

I usually don't drink much.

me 전 술을 안마십니다.

I don't drink alcohol.

me 여기는 제가 내죠. 당신은 2차에 내세요.

It's my round. You can buy the next.

me 이런, 돈이 없네요. 이번에 계산을 해주실 수 있어요?

Oops, I'm out of money. Could you buy me a round?

me 한국에서는"건배"라고 해요!

In Korean, we say "Geonbae!"

me 한국의 재미있는 술 마시기 게임을 가르쳐 줄게요.

Let me teach you a fun Korean drinking game.

me 운전하시면 안될 것 같아요. 차 키 주세요.

I don't think you should drive. Give me the keys.

me 미혼이세요? 누구 만나는 사람 있나요?

Are you single? Are you seeing someone?

・죄송합니다. 전 이미 남자친구가 있어요.
  Sorry, I already have a boyfriend.

girlfriend 여자친구

me 당신은 정말 흥미로운 사람이군요. 본인에 대해 더 얘기해주세요.

You're a really interesting person. Tell me more about yourself.

> fascinating 마음을 사로잡는
> special 특별한

me 제가 당신의 전화번호를 알 수 있을까요?

Could I have your phone number?

> email 이메일   Facebook address 페이스북 계정

me 여기 제 명함입니다. 한국에 오시게 되면, 편하게 연락주세요.

Here's my business card. If you ever come to Korea, feel free to contact me.

me 당신이 떠나기 전에 다시 만날 수 있을까요?

Can I meet you again before you leave?

me 제가 떠나기 전에 다시 만날 수 있을까요?

Can I see you again before I leave?

me 계속 연락해요.

(Let's) Keep in touch!

쉬어가는 페이지~

LIFESAVER PHRASES
궁지에서 빠져나올 수 있는 표현들

대화가 지루하게 쳐지거나 아님 불편한 대화에서 벗어나고 싶을 때. 아래 "궁지탈출용 표현들"을 써먹어보자.

- **Look, I really don't want to talk about Kim Jeong-Eun.**
  이것 보세요. 전 김정은에 대해서는 정말 얘기하고 싶지 않거든요.

- **I already told you. I'm not Chinese. I'm Korean.**
  이미 얘기했거든요. 전 중국인이 아니라 한국인이에요.

- **No, I am not a communist.**
  아니요. 전 공산주의자가 아니거든요.

- **No, I've never eaten dog.**
  아니요. 전 개고기는 전혀 먹어본 적 없어요.

- **Yes, I've eaten dog, but not regularly.**
  네. 전 개고기를 먹어봤지만 자주는 아니에요.

- **Yes, I've eaten dog, but not my own.**
  네. 전 개고기 먹어요. 근데 제가 키우는 개는 아니구요.

- **Hey, I think I see someone I know over there. Gotta go!**
  저기요. 저기 제가 아는 사람을 본 것 같아요. 가야겠네요.

- **Well, we're getting up early tomorrow morning, so I think this is goodbye.**
  근데요. 우리가 내일 아침 일찍 일어나야 해서요. 지금 가야겠습니다.

- **Sorry, I'm not interested, but I think my friend is into you.**
  죄송하지만 전 관심 없어요. 근데 제 친구가 당신한테 반한 것 같네요.

대화하기

249

1   Are you on Facebook? Feel free to add me as a friend.

2   Do you use Kakaotalk? Can I get your ID?

3   Please introduce me to some of your friends.

4   If you ever come to Korea, give me a call.

5   Sorry, I'm a bit shy to talk to strangers.

6   I don't understand your joke.

해석

1   페이스북을 하시나요? 편하게 저에게 친구 추가를 하세요.

2   카카오톡을 하세요? 당신의 아이디를 알려주실 수 있나요?

3   저를 당신의 친구들에게 소개해주세요.

4   혹시 한국에 오시게 되면 저에게 전화를 주세요.

5   죄송해요. 저는 낯선 사람에게 말을 걸 때 약간 부끄러움을 타거든요.

6   당신의 농담이 이해가 안되네요.

2.

1 Wanna go to a hotel with me?

2 Take me to the most popular bar in town.

3 What are your hobbies? / What do you do in your free time?
/ What do you do for fun?

4 Do you guys want to play 3 on 3? / Can I join your game?

5 What's the name of this song? I've never heard it before.

6 What's your favorite area in town? I want to visit some local
places that are not in the guidebook.

대
화
하
기

해석

1 저와 함께 호텔에 가실래요?
2 이 동네에서 가장 인기가 있는 술집으로 저를 데려다 주세요.
3 취미가 뭐예요? / 한가할 때 무엇을 하시나요? / 취미로 무엇을 하세요?
4 같이 3:3 경기 하실래요? / 저도 같이 경기를 해도 될까요?
5 이 노래의 제목이 뭐예요? 저는 처음 들어보는 노래인데요.
6 이 동네에서 당신이 가장 좋아하는 곳이 어디예요? 저는 가이드북에 나와있지 않은 이 지역의 장소들
을 가보고싶어요.

Thomas' Exercises

Thomas' 말하기 쓰기
Exercises 다음의 한글 해석에 근거하여 다음의 구문들을 완성하세요. [Sample 답안 336–337p.]

① 머무는 동안 도움이 필요하거나 문의가 있으시면 편하게 연락주세요.

If you have any questions or need help while you are here,

_____.

② 이런, 돈이 없네요. 이번에 계산을 해주실 수 있어요?

Oops, I'm out of money. Could you _____?

③ 여기에 앉아도 될까요? 이 자리에 누가 이미 앉았나요?

Can I sit here? _____?

④ 운전하시면 안될것 같아요. 차키 주세요.

I don't think you should drive. _____.

⑤ 당신에게 질문좀하면안될까요? 영어 연습을 좀 하고 싶어서요.

Do you mind if I ask you some questions? _____.

⑥ 당신은 정말 흥미로운 사람이군요. 본인에 대해 더 얘기해 주세요.

You're a really interesting person. _____.

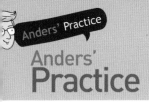
❶ 여러분은 공원에서 벤치에 앉아 책을 읽고 있는 흥미로운 남성/여성을 봅니다. 그리고 그들에 대하여 좀 더 알고자 그들에게 다가가기를 원합니다. 대화의 시작을 어떻게 할 수 있을까요? 여러분 자신을 소개하고 그들의 삶에 대하여 물어보세요.

⇒ _____

_____

_____

_____

❷ 누군가에게 공손하게 다가가서 여러분의 사진을 찍어달라고 부탁해보세요. 그 사진이 어떻게 나오기를 원하는지를 특정한 뒷배경이 나오도록, 가로로 혹은 세로로 찍을지, 플래시를 사용할지 혹은 사용하지 않을지 등을 구체적으로 말하세요.

⇒ _____

_____

_____

_____

대
화
하
기

미리미리 챙기세요~!

해외여행을 하다 보면 길을 헤매는 경우는 예사고 물건 분실, 사고 등 다양한 응급상황이 발생할 수 있다. 특히, 여행객들은 도심에서 날치기나 소매치기의 표적이 되는 경우가 종종 있기 때문에 가방이나 지갑을 잘 챙겨야 한다.

여행이나 갈까?

Chapter 10

긴급상황 및 질병

Emergencies and Illness

Emergencies and Illness

낯선 대도시에서 길을 잃어버리는 것만큼 겁나는 일도 없을 것이다. 하지만 타지를 여행하다 보면 있을 수도 있는 일이다. 만일 길을 찾지 못해도 당황하지 말자. 가장 가까운 지하철역을 찾아가 노선도나 도시지도 또는 컴퓨터나 공중전화기를 찾는다. 그것도 아니면 도움이 될만한 사람에게 다음 구문을 이용하여 물어보면 된다.

me 좀 도와주실래요? 제가 길을 잃었어요.

Can you help me? I'm lost.

● 길을 잃으셨나 봐요. 제가 도와드릴까요?

You look lost. Can I help you with something?

me 자유의 여신상에 어떻게 가나요?

How do I get to the Statue of Liberty?

me 몇 시 인가요?

Do you have the time?

What time is it?

me 근처에 버스나 지하철이 있나요?

Is there a bus or subway nearby?

me 컴퓨터를 찾고 있는데요.

I need to find a computer.

bathroom 화장실   ATM 현금인출기   phone booth 공중전화

me 저는 지하철역을 찾고 있어요.

I'm looking for a subway station.

me 가장 가까운 병원이 어디인가요?

Where is the nearest hospital?

police station 경찰서
tourist information center 관광안내소

me 그곳 이름을 적어주십시오.

Please write down the name for me.

address 주소   directions 방향
phone number 전화번호

me 이 지도상에서 보여주세요.

Please show me on this map.

● 그 정확한 주소는 모르겠지만 이 구역 안에 있어요.

I don't know the exact address, but it's in this area.

City Directions

한국과 달리 뉴욕이나 시카고와 같은 많은 서양도시들은 격자모양으로 구획화되어 숫자로 번지를 표기하는 a grid-numbering system에 따라 설계되어 있어 길을 찾기 편리하다.

이러한 도시들의 도로는 거의 직각으로 상호 교차되어 있으며, (무수히 많은 작은 정사각형과 직사각형들로 구획화되어 있는 도시를 연상하면 된다.) 보통 영문명과 숫자들이 순서에 맞춰서 매겨져 있다.

두 가지 참고할 만한 사항들을 살펴보자.

동서남북 방향(Cardinal Directions)

도로(Street)명에는 주로 "북 N(orth)", "동 E(ast)", "남 S(outh)", "서 W(est)"의 방위표시 이니셜이 포함되곤 하는데 이는 주도로(main street)에서 분지되는 방향을 기준으로 한다. 이러한 표기는 내가 현재 수평으로(horizontally) 또는 수직으로(vertically) 이동하고 있는지 알아차리는데 도움이 된다.

숫자표기(Numbers)

이쪽 주소들은 홀수들이고 반대 편 주소들은 짝수들이다. 점점 더 큰 숫자가 나오는지, 작은 숫자가 나오는지에 따라 목적지의 번지수와 비교해가며 옳은 방향으로 가고 있는지 어림잡을 수 있다.

더불어 도로에 관한 명칭들이 어떻게 분류되는지 살펴보자. Main Street (St.) (영국에서는 "High Street")는 일반적으로 그 도시에서 가장 넓고 중요한 주 도로를 칭한다. 반면 Avenue (Ave.) 와 Boulevard (Blvd.)는 보통 양 길가에 가로수들이 즐비하게 난 널찍한 다 차선도로를 말한다.

만일 당신이 시내에서 길을 물을 경우, 흔히 이런 식의 답을 듣게 될 것이다. "It's two blocks from here.(여기서 두 블록 더 가야해요.)" 시내에서 블록(city block)은 길과 길 사이 건물들이 모여있는 사각형 지역을 일컫는다. 곧 길을 걷다가 큰 도로(특히 신호등이 있는 도로)를 만나거나, 도로가 교차되는 지점을 건너고 있다면, 당신은 새로운 블록으로 넘어가고 있는 것이다.

◉ 거긴 여기서 꽤 멀어요.

It's very far from here.

◉ 지금 있는 곳은 시내 다른 쪽이에요.

You are in the wrong part of town.

◉ 거기까지 가려면 대중교통을 이용해야 해요.

You need to take public transport to get there.

me 여기서 먼가요? 걸어서 얼마나 걸릴까요?

Is it far from here? How long will it take to get there on foot?

by taxi 택시로　by bus 버스로

me 여기서 걸어갈 수 있나요? (걸어갈만한 정도의 거리입니까?)

Can I walk there from here? (Is it within walking distance?)

◉ 그리 멀지는 않아요. 제가 그리로 데려다 드릴께요.

It's not too far. I'll take you there.

◎ 모르겠어요. 제가 이 도시 사람이 아니라서요.

I don't know. I'm from out of town.

◎ 저는 이 지역을 잘 몰라요.

I'm not familiar with this area.

◎ 점원에게 물어보세요.

Try asking a shop attendant.

> the hotel receptionist 호텔 안내원에게
> a police officer 경찰관에게
> at the subway information desk 지하철 안내데스크에서

◎ 이쪽이에요.

This way, please.

◎ 저를 따라오세요.

Follow me, please.

me 도와주셔서 정말 감사합니다.

Thank you so much for your help.

> very

방향 Direction

- On your left / to your left / on your left-hand side
  왼쪽에

- On your right / to your right / on your right-hand side
  오른쪽에

- Straight ahead / at the end of this street
  곧장 직진해서 / 이 도로 끝에서

- One block / street / kilometer / mile (1km = 0.62 miles)
  한 블록 / 길 / 킬로 / 마일

- Turn (to the) left / right.
  Take a left / right.
  좌회전 / 우회전 하세요.

- Close to / near / across from / facing / far from
  ~ 근처 / ~근처 / ~ 맞은 편 / ~를 마주보고 있는 / ~에서 먼

"On the left"와 "Turn left"의 의미가 다르다는 점에 유의하자.

"On the left"는 건물이나 찾는 지점이 도로에서 왼쪽에 위치한다는 뜻이지만 "Turn left"는 좌회전을 해서 다른 길로 접어들어야 한다는 뜻이다. 마찬가지로 "Go straight"는 "straight forward(곧바로 직진)"를 의미하지만, "Go straight to the end(길 끝까지 쭉 가세요)" 와 같은 구문의 경우 "all the way(계속)" 또는 "completely(끝까지)"의 뜻으로 직진보다는 길을 따라 가라는 의미가 되는 것이다.

사고와 위급상황 ·
Accidents & Emergencies

당신이 아무리 조심성 있고 준비성이 철저한 사람이라 할지라도, 예기치 못한 사건이나 사고가 발생할 수도 있다. 더욱이 타지에서 위급한 상황에 처하게 되는 일만큼 겁나는 일도 없을 것이다. 그러나 최소한 아래 표현들을 숙지하고 있다면 상황대처에 한결 도움이 될 것이다.

a. 분실 및 절도 Lost Items and Theft

me 제 지갑을 잃어버렸어요.

I've lost my wallet.

| passport 여권 | credit card 신용카드 |
| key 열쇠 | cell phone 휴대폰 |

그것을 마지막으로 본 게 언제죠?

When did you last see it?

use 사용한 게

me 기억이 안나요. 어젯밤에 호텔에서는 있었거든요.

I can't remember. I had it last night at the hotel.

me 한국대사관이 어디에 있습니까?

Where is the Korean embassy?

> consulate 영사관

me 한국영사관에 연락해주세요.

Please contact the Korean consulate.

> call 전화해

me 빨간 배낭 본 적 있나요? 방금 까지 여기 있었거든요.

Have you seen a red backpack? It was here just a minute ago.

> handbag 핸드백   suitcase 여행가방

me 거기서, 도둑이야!

[소리치며] Stop, thief!

> pickpocket 소매치기야

me 저 남자 좀 잡아줘요!

[소리치며] Stop that man!

me 도둑맞은 차를 신고하려고 합니다.

I want to report a stolen car.

> handbag 핸드백   purse 지갑
> camera 카메라

대사관 및 영사관
Embassies and Consulates
[émbəsi]　　　　　　　[kánsəlit]

대사관(embassy)은 외국에 위치한 자국정부의 외교적 대리 기관으로 양국간의 원활한 소통을 담당한다. 영사관(consulate)은 외국에서 자국민보호 및 원조를 담당하는 공무기관이다. 주로 방문자가 많은 관광도시에 위치하며 기업간의 무역환경조성, 상업적 교류의 유지, 비자 및 여권발행, 그리고 관광객과 이민자들을 지원하는 비교적 가벼운 외교업무를 담당한다. 따라서 당신이 망명을 요청하는 일이 아닌 한, 외국에서 문제가 생겼을 때는 영사관을 찾아 도움을 요청하면 된다.

본국의 대사관은 나라별로 단 하나만 존재하지만 영사관은 도시 별로 여러 개도 둘 수 있다. 보통 대사관과 영사관이 한 건물 또는 동일주소지에 함께 위치하는 편이지만 따로 분리되어 위치하는 경우도 많다.

한번은 한참을 헤매다가 간신히 대사관을 찾아간 적이 있다. 그러나 비자업무는 도시 반대편에 위치한 영사관으로 가라는 대답만 듣고 바로 나와야만 했다.

대사관 또는 영사관으로 이동하기 전에 가고자 하는 곳의 위치를 정확히 파악하자.

긴급상황

범죄가 발생했을 때, 응급치료가 필요할 때, 화재가 났을 때 등 사건사고발 생시 비상전화(emergency number)를 걸어 도움을 요청한다.

미국과 캐나다 911	호주 000	태국191
영국 999	뉴질랜드 111	스페인 532
유럽연합 112	브라질 190	중국 119

통화가 연결되면 현재 처한 위급상황이 경찰력을 요하는지, 화재인지, 의 료지원이 필요한지를 분명하게 말해야 한다. 또 현재 위치의 주소 및 기준점 을 되도록 정확하게 설명해준다. 설령 핸드폰이 잠겨있거나 유심(USIM)카드 가 없는 경우라도 비상전화는 걸 수 있게끔 되어 있다.

me 누가 911에 전화 좀 해줘요.

Somebody call 911!

the fire department 소방서   the police 경찰

me 사고가 발생했어요. 앰불런스 좀 보내주세요.

There's been an accident. Please send an ambulance.

me 전화기 좀 쓸 수 있을까요?

Can I use your phone?

me 빨리 와주세요. 위급해요.

Please come quick. It's an emergency!

me 누구 응급조치 아는 사람 없어요?

Does anyone know first aid?

> CPR 심폐소생술

◉ 어디가 아프세요?

Where does it hurt?

◉ 이렇게 하면 아픕니까?

Does this hurt?

me 팔이 부러진 것 같아요.

I think I might have a broken arm.

> sprained 삔   leg 다리   wrist 손목
> ankle 발목   back 허리

me 성추행을 신고하려고요.

I want to report sexual harassment.

> a tourist scam 관광객 사기
> a robbery 강도
> an assault 폭행사건

경고표지판

흔히 볼 수 있는 경고표지판의 문구들을 살펴보자.

- Beware of Dog | 개조심
- Caution: Fire Hazard | 주의: 화재위험
- Road Closed Temporarily: Detour | 임시 통행차단: 우회하시오
- Danger | 위험
- Slippery When Wet | 우천시 미끄럼 주의
- Trespassers Will Be Prosecuted | 무단 침입시 고발 조치함
- Keep Off the Grass | 잔디밭 출입금지
- Keep Out: Employees Only | 관계자 외 출입금지
- Warning : High Voltage | 고압주의
- Out Of Order | 고장
- Smoking Prohibited | 흡연금지
- Parking Prohibited | 주차 금지
- Flash Photography Prohibited | 플래시 촬영 금지
- Under Construction / Under Repair | 공사 중 / 보수 중
- Watch Your Step | 발 조심
- Watch Your Head | 머리 조심
- Wet Paint | 페인트칠 주의

Unit 3

병원 및 약국 • Hospital & Pharmacy

a. 진료예약 및 증상 설명
Making Appointments & Explaining Symptoms

me 검진을 받으려고요.

I need to see a doctor.

I'd like 받고 싶어요

오늘 오후 2시에 예약 가능합니다.

We can make an appointment for this afternoon at two.

me 몸이 아파요.

I'm sick.
I don't feel well.

me 계속 토했어요

I've been vomiting.

의료보험증을 보여주시겠어요.

May I see your insurance card?

me 저는 잘 모르겠어요. 제 보험회사에 전화해보세요.

I don't understand. Please call my insurance company.

me 전 여행자보험이 없는데요.

I don't have any travel insurance.

me 얼마나 나올까요? 전 그만한 돈이 없는데요

How much will it cost? I can't afford that.

me 유리조각을 밟았어요

I stepped on some glass.

me 개에 물렸어요.

I was bitten by a dog.

me 싸웠어요. 폭행 당했어요.

I was in a fight. I was attacked.

me 교통사고를 당했어요.

I had a car accident.

● 증상이 어떤가요?

What are your symptoms?

me 호흡 곤란이 있어요.

I have **trouble breathing.**

· a bad / strong headache 심한 두통
· a toothache 치통
· a sore throat 인후염(목이 붓고 아플 때)
· a cold / flu 감기
· an upset stomach 위에 탈이 난
· a painful sunburn 햇볕으로 인한 화상
· an allergic reaction to a bee sting
  벌에 쏘인 알레르기 반응
· cramps
  심한 복통, 위경련 또는 (완곡한 표현의) 생리통
· a deep cut / gash in my leg
  다리에 깊이 베이거나 파인 상처
· irregular heartbeat 불규칙적인 심장박동
· chest pains 가슴통증

b. 병원에서 At the Hospital or Doctor's office

● 어떤 알레르기가 있습니까?

Do you have any allergies?

me 전 페니실린에 알레르기가 있어요.

I'm allergic to penicillin.

painkillers 진통제   antibiotics 항생제

● 체온이 높군요.

Your temperature is high.

● 열은 없어요.

You don't have a temperature.

271

● 열이 있어요.

You have a fever.

● 뇌진탕입니다.

You have a concussion.

● 발목을 삐었습니다.

You have a sprained ankle.

● 파상풍 예방접종을 받으셔야 합니다.

You need a tetanus shot.

● 흉부 엑스레이를 찍어야 합니다.

We need to take an x-ray of your chest.

foot 발   skull 두개골

● 이 치료는 보험이 적용되지 않습니다.

This isn't covered by your insurance policy.

● 수술을 해야 합니다.

We have to perform surgery.

● 하루는 입원하셔야 할 겁니다.

You'll need to stay overnight.

● 퇴원하셔서 잘 요양하세요.

You should return home for treatment.

● 이 양식을 작성해주세요. 여기 서명하시고요.

Please fill out this form. Sign here.

● 심각한 건 아닙니다. 며칠 내에 괜찮아지실 거에요.

It's nothing serious. You should be fine in a few days.

● 휴식을 취하시고 물을 많이 드십시오.

Get some rest and drink plenty of water.

● 약 처방전을 적어드리겠습니다

I'll write you a prescription for some medicine.

me 약이 다 떨어졌어요.

I've run out of my medicine.

me 몇 알씩 먹어야 하죠?

How many tablets should I take?

me 올바른 복용량이 어떻게 되나요?

What is the proper dosage?

me 치아 조각이 나갔어요

I've chipped my tooth.

me 땜질한 게 떨어져서 없어졌어요.

I lost one of my fillings.

me 잇몸이 아파요.

My gums hurt.

are bleeding 피가 나요

◉ 땜질을 다시해야 합니다.

You need to get your filling replaced.

◉ 치아를 뽑아야 합니다.

You need to get your tooth extracted.

두 가지 종류의 의약품
Two Types of Medicine

Over-the-counter drugs(의사 처방 없이 판매되는 약)은 슈퍼마켓이나 약국에서 의사의 처방전 없이 살 수 있는 약을 일컫는다. 예를 들면, paracetamol 파라세타몰(Tylenol 타이레놀, Panadol 파나돌 등) 및 ibuprofen 이부프로펜(Advil 애드빌, Nurofen 뉴로펜 등)의 진통제(painkillers) 등이 이에 속한다. 또 기타 항 알레르기약(anti-allergy tablets)이나 설사약(laxative medication), 발진(rash)이나 곰팡이균(fungus)에 의한 피부병에 필요한 피부연고제(skin cream) 및 비타민제(vitamin pills)와 같은 약품의 구입이 가능하다.

Prescription drugs은 의사로부터 처방전을 받아야 구입할 수 있는 약품이다. 일반 약에 비해 좀 더 센 약들이 이에 속한다.

긴급상황

긴급상황 및 질병 관련 어휘

• (건강 / 여행) 보험	(health / travel) insurance [inʃúərəns]
• 햇볕에 탐(탄)	sunburn(t) [sʌnbə:rn]
• 탈수증	dehydration [dì:haidréiʃən]
• 위통	stomach problems [stʌmək prábləm]
• 소화불량	digestion problems [didʒésʧən prábləm]
• 염증	inflammation [ìnfləméiʃən]
• 변비	constipation [kànstəpéiʃən]
• 설사	diarrhea [dàiərí(:)ə]
• 구토	vomit(ting) [vámit]
• 부러진	broken [bróukən]
• 골절된	fractured [fræktʃərd]
• 삔	sprained [spreind]
• 식중독	food poisoning [pɔ́izəniŋ]
• 치통	toothache [tú:θeik]
• 증상	symptom [símptəm]
• 체온계	thermometer [θərmámətər]
• 청진기	stethoscope [stéθəskòup]
• 처방전	prescription [priskrípʃən]
• 펩토비스몰	Pepto-Bismol (소화불량용 의약품)
• 아스피린	aspirin [ǽspərin]

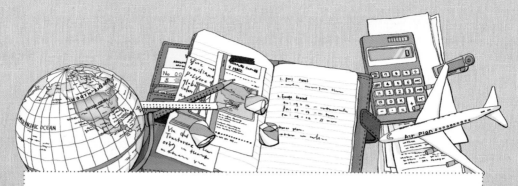

• 진통제	painkillers[péinkìlər]
• 설사약	laxative[lǽksətiv]
• 기침시럽	cough syrup[kɔ(ː)f sírəp]
• 알약	tablet[tǽblit]
• 항히스타민제	antihistamine[æ̀ntaihístəmìːn] (알레르기 치료제)
• 피임약	contraceptives[kàntrəséptivez]
• 마취	anesthesia[æ̀nisθíːʒə]
• 치과의사	dentist[déntist]
• 경찰서	police station[pəlíːs stéiʃən]
• 경찰관	police officer[pəlíːs ɔ́ːfisər]
• 소방서	fire department[faiər dipáːrtmənt]
• 응급실	emergency ward[imə́ːrdʒənsi wɔːrd]
• 발작	seizure[síʒər]
• 심장마비	heart attack[haːrt ətǽk]
• 연고	ointment[ɔ́intmənt]

Sentences Extra

1.

1   I feel dizzy. I need to sit down.

2   My child is sick. I need to see a pediatrician.

3   There's a problem with my pet. I need to take him to the vet.

4   The sun is too strong. I'm getting heatstroke.

5   I'm having an allergic reaction. I need a doctor immediately.

6   I don't know my medical history. Please call my doctor back
    in Korea.

해석

1   어지러워요. 좀 앉아야겠네요.
2   제 아이가 아파요. (소아과) 의사에게 진찰을 받아야겠어요.
3   제 애완동물이 아파요. 수의사에게 데려가야겠어요.
4   태양이 너무 강하네요. 더위 먹었나봐요.
5   알러지 반응이 있어요. 즉시 병원에 가야겠어요.
6   저도 제 병력을 모릅니다. 한국에 있는 제 주치의와 통화해보세요.

2.

1　Is it safe to drink the water here?

2　Is this neighborhood safe? / Is this area safe at night?

3　Can you call a taxi for me? I don't want to walk home.

4　Could you walk me home? I'm afraid to go alone.

5　My stomach is hurting. I'm afraid it might be serious.

6　How can I tell if I have food poisoning?

해석

1　이곳의 물은 마셔도 안전한가요?
2　이 동네는 안전한가요? / 이 동네는 밤에 안전한가요?
3　택시를 좀 불러주시겠어요? 집까지 걸어가기가 싫어서요.
4　저를 집까지 (걸어서) 데려다 주시겠어요? 혼자 가기가 무서워서요.
5　배가 아파요. 좀 심각한 것 같네요.
6　만약 제가 식중독일 때는 어떻게 얘기해야 하나요?

Thomas' Exercises

Thomas' 말하기 쓰기
Exercises 다음의 질문에 올바른 답변을 고르세요. [Sample 답안 338–339p.]

❶ How much will it cost? • • Ⓐ I have a headache

❷ What are your symptoms? • • Ⓑ I'm allergic to penicillin.

❸ Do you have any allergies? • • Ⓒ I can't afford that.

❹ There's been an accident! • • Ⓓ You should be fine in a few days.

❺ You look lost. • • Ⓔ It was here just a minute ago.

❻ Have you seen a red backpack? • • Ⓕ Please send an ambulance.

❼ It's nothing serious. • • Ⓖ I'm looking for the nearest police station.

Anders' Practice

❶ 학급의 짝과 함께 연습하세요.누군가가 여러분에게 거리에서 길을 묻습니다. 그들에게 여러분 대학교의 한 곳에서 다른 곳까지 어떻게 가야 하는지 설명하세요.

➡ _____

_____

_____

_____

❷ 여러분의 소지품 중 하나를 도난 당했습니다. 여러분은 이 사실을 경찰에 알려야만 합니다. 잃어버린 물건에 대하여 설명하고 어디에서 마지막으로 그것을 보았는지 말하세요.

➡ _____

_____

_____

_____

긴급상황

281

돌아가는길~

여행이 어느 정도 마무리되고 귀국일이 2~3일 남아 있을 때부터는 돌아올 준비를 해야 한다. 먼저 귀국편 비행기표 예약을 확인해야 하며, 빠진 것은 없는지 짐을 꼼꼼히 챙겨야 한다.

귀국

Returning Home

Returning Home

me 제 예약을 확인하고 싶습니다.

I'd like to confirm my reservation.

● 항공예약이 확인되었습니다. 손님의 항공편에 연착계획은 없습니다.

Your flight is confirmed. There are no delays (scheduled) on your flight.

me 출발 날짜를 바꾸고 싶습니다.

I'd like to change my departure date.

● 그 항공편은 예약이 다 찼습니다. 그날에는 유효한 항공편이 없습니다.

That flight is fully booked. There are no available flights on that day.

귀
국

공항에서 · At the Airport

◉ 짐이 10kg이나 초과했습니다.

이 항공편에서는 최대 20kg까지 허용됩니다.

Your bag is 10 kg too heavy. You are only allowed a maximum of 20 kg on this flight.

◉ 짐을 줄이시거나 kg당 5 달러씩 초과비용을 부담하셔야 합니다.

You will have to remove some of the items or pay a penalty fee of 5 dollars per kilo.

◉ 출발카드를 세관직원에 제출하는 것을 잊지 마세요.

Please remember to return your departure card to the customs officer in charge.

◉ 죄송합니다. 이 항공사는 승객 한 분당 수하물 2개까지만 허용합니다.

I'm sorry, this airline only allows two baggage items per passenger.

me 제 항공편이 연착되었습니다.

My flight is delayed.

canceled 취소되었습니다

me 비행기를 놓쳤습니다. 이제 어떡해야 하죠?

I missed my flight. What should I do now?

귀국

1.

1   We took a red-eye flight back home.

2   Our flight was fully booked. It was very crowded onboard.

3   These are standby tickets. You'll have to wait to board until the other passengers have checked-in.

4   I want to do some last minute shopping at the duty free shop.

5   I need to buy some souvenirs for my family at the airport gift shop.

6   We'd like to upgrade your seat to business class.

해석

1   집으로 돌아 올 때 (귀국할 때)는 야간 비행편을 이용했습니다.
2   우리의 비행기는 모두 예약이 되어 있었고 탑승할 때 매우 붐볐습니다.
3   이것은 스탠바이 티켓(대기표)이므로 탑승하시려면 다른 탑승객들이 체크인 할 때까지 기다리셔야 합니다.
4   저는 면세점에서 탑승전에 쇼핑을 하기를 원합니다.
5   저는 공항 기념품점에서 가족에게 줄 기념품을 구입할 것입니다.
6   비즈니스 클래스로 좌석을 업그레이드 해드리겠습니다.

2.

1 Is this item tax-free?

2 I'm a mileage card holder. Can I use this lounge?

3 Can I use my frequent flyer miles on this ticket?

4 Please have my luggage delivered to my final destination.

5 I'm sorry, this flight is almost full. We have to split up your party into separate seats.

6 I was glad to arrive back home again.

긴급상황

해석

1 이것은 면세품인가요?
2 저는 항공사 마일리지 카드를 소유하고 있는데 여기 라운지를 이용할 수 있나요?
3 이 표를 구매할 때 제 마일리지를 사용할 수 있나요?
4 제 수화물을 최종 목적지까지 운반해주세요.
5 죄송하지만, 이 항공편은 거의 만석입니다. 일행분들이 따로 앉으셔야 합니다.
6 다시 집에 돌아오게 되어 기뻤습니다.

❶ 문제 : 여러분은 비행기를 놓쳤습니다.

정답 : _____

제 비행기를 놓쳤는데 이제 어떻게 해야 하나요?

❷ 문제 : 누군가 동전을 환전하기를 원하지만 불가능합니다.

정답 : _____

지폐만 환전이 가능합니다. 동전은 안됩니다.

❸ 문제 : 여러분은 출발일을 변경하기를 원합니다.

정답 : _____

제 출발일을 변경하고 싶습니다.

❹ 문제 : 어떤 탑승객이 가방 4개를 갖고 탑승하려고 합니다.

정답 : _____

죄송합니다. 저희 항공사는 탑승객 한 분당 2개의 짐(수하물)만을 허용합니다.

❺ 문제 : 비행기에 더 이상 좌석이 없습니다.

정답 : _____

그 항공편은 모두 예약이 되었습니다.

① 귀국 전날입니다. 공항에 전화를 해서 여러분의 항공 예약을 확인하고 예정대로 출발하는 지도 확인하세요.

⇒ _____

_____

_____

_____

② 여러분은 체크인 카운터에서 근무합니다. 탑승객들에게 그들의 수화물이 너무 무겁다고 설명하고 그들이 어떻게 해야하는지 알려주세요.

⇒ _____

_____

_____

_____

긴급상황

여행이나
갈까?

Chapter 12

부록

BONUS SECTION

문화 및 국가별 어휘 차이 ·
Cultural or National Vocabulary

　뉴욕(미국대도시), 켄터키(미국북동부), 리버풀(잉글랜드), 뉴캐슬(호주), 더블린(아일랜드), 오클랜드(뉴질랜드)나 케이프타운(남아공) 등지를 여행할 경우, 모두 동일한 영어를 쓰는 것이 아니라는 것을 알게 될 것이다. 참으로 다양한 영어들이 존재하며 더러는 도통 영어같이 들리지 않는 경우도 있다.

　따라서, 이 장에서는 두 종류의 주된 영어, 즉 "American English (미국영어)"와 "British English (영국영어)"의 차이점에 대해 간략하게 소개하고자 한다. 미국영어는 미국(U.S.A.)과 캐나다 일부 지역에서 구사하는 영어이며, 영국(또는 영국연방)영어는 영국(U.K.), 아일랜드, 남아공, 호주, 뉴질랜드, 싱가포르, 필리핀, 홍콩 및 인도 등지에서 쓰이는 영어다. 더불어 카리브해(Caribbean) 및 아프리카 지역에 위치하는 많은 나라들에서도 영어가 다수의 인구에 의해 구사되고 있다.

American English	의미	British English
Apartment	아파트	flat
(French) fries	감자튀김	chips
chips	칩(과자류)	crisps
cookies	쿠키	biscuits
sick	아픈	ill
elevator	엘리베이터	lift
gas	휘발유	petrol
1 dollar bill	지폐최소단위	1 pound note
sidewalk	보도(인도)	pavement
truck	트럭	lorry
cell phone	핸드폰	mobile phone
sweater	스웨터	jumper
eraser	지우개	rubber (※참조 : 미국에서 rubber는 '콘돔'의 슬랭)
pants	바지	trousers
full stop	마침표	period

어휘상의 차이들 말고도, 같은 뜻이지만 다르게 사용되는 어휘들도 더러 있다. 예를 들어, 미국에서 "holiday"는 전적으로 국경일을 칭하는 단어지만 영국에서는 "a vacation(휴가)" 또는 "a trip(여행)"을 의미하기도 한다. 다음 세가지 예를 살펴보자.

⊙ Christmas is an important holiday.

크리스마스는 중요한 명절입니다.

• My family is going on holiday next week.
우리 가족은 다음주에 휴가여행을 떠날 것입니다.

• My holiday in Spain was terrific.
스페인에서의 제 휴가는 최고였어요.

또한 시간을 표현하는 방법에도 차이점이 있다. 현재 시각이 15:30 이라면 미국인의 경우, "half past three"라고 말하겠지만, 영국인이라면 "half three"라고 말할 것이다. 아마도 가장 어려운 부분은 나라별로 동떨어진 슬랭이나 방언을 습득하는 일일 것이다. 아래의 영국슬랭과 그에 상응하는 미국영어표현을 비교해보자.

- ace (n) = brilliant / great / awesome
- All right? 또는 You all right? = Hello, how are you?
- barmy (adj) = mad / crazy
- bleeding / bloody / blooming (adj)
  놀람과 강조의 감탄사. 미국에서 가장 흔하게 쓰일만한 동등한 어휘를 고르라면, "damn(ed)"이나 또는 표기하기 민망한 저속한 단어들.

- top up (v)
  "fill up"과 유사한 말. 지하철 점원에게 이렇게 요구할 수 있겠다. "Top up this travel card. (이 여행카드 충전해주세요.)"
- mate (n) = friend / pal / buddy
- bloke (n) = guy
- chuffed (adj) = 무언가에 관해 기분 좋고 행복한
- cheeky (adj) = naughty 장난꾸러기의, 외설스런
- Cheers! (감탄사로) = Thanks.

영국인들은 또한 그들만의 괴상한 축약법을 사용하기 좋아한다. 예컨대, 백화점 "Marks and Spencer"를 "Marks and Sparks"라고 칭하는 식이다. 만일 당신이 "Spaghetti Bolognese"를 한 접시 먹고 있다면, 당신의 친구는 아마 "너 a Spag Bol 먹고 있니?"라고 물을 것이다.

이 두 나라뿐만 아닌 호주나 남아공과 같은 다른 영어권 나라들의 고유한 슬랭들도 있다. 호주에서 특화된 말인 "G'day"는 그들에게 "hello"의 뜻이고, "Sheila"는 "woman"을 뜻한다. "Uni"는 "university"의 줄임 말이고, "flip-flops(뒤축없는 슬리퍼형 샌달)"은 "thongs"이라고 한다. 하지만 thong은 미국에서는 흔히 끈 팬티를 일컫는 슬랭이라 헷갈릴 소지가 있다.

뿐만 아니라 그들만의 독특한 구문들도 있는데 "dinkum" 또는 "fair dinkum"라는 말은 문맥에 따라 "true(사실이야)", "the truth(진실)", "speaking the truth(사실을 말하자면)", "authentic(진짜의)" 등의 의미를 다 표현하는 말로 자주 쓰인다.

남아공에서는 일상어들에도 과거 네덜란드의 영향을 받은 흔적이 많이 묻어난다. a braai는 "a barbecue"를, 형용사인 lekker는 잘생긴 사람을 묘사할 때, 그리고 어디서나 쓰이는 말 bra는 그들에게 "brother", "mate", "friend" 또는 "pal"의 의미가 된다.

마지막으로, 영어권 나라들간의 차이점이 단지 언어에만 국한되는 것은 아니다. 길이, 속도, 부피를 측정하는 기준단위 또한 달라지기도 한다. 대부분의 나라들에서는 미터법(Metric System)을 사용하지만, 미국은 고집스럽게도 'Imperial / US system'이라고 알려진 그들만의 측정법을 사용한다. 이 측정단위가 종종 혼란을 야기할 수도 있는데 이는 캐나다나 영국에서는 부분적으로 Metric System을 쓰면서, 여전히 일부 단위에서는 Imperial System을 고수하고 있기 때문이다. 예를 들어, UK gallon과 US gallon은 내용물이 액체냐 고체냐에 따라 그 용량이 달라질 수 있다.

(참고 : 영국 1Gal=4.54L, 미국 1Gal=3.78L)

다음 표를 참고하여 측정법에 따른 단위크기의 차이를 숙지해두자.

Imperial (US)	Metric (UK)
1 inch 1 인치	2.54 cm 2.54 센티미터
1 foot 1 피트	30.48 cm 30.48 센티미터
1 yard 1 야드	0.914 m 0.914 미터
1 mile 1 마일	1.6 km 1.6 킬로미터
60 miles / hour (mph) 시속 60 마일	100 km/h 시속 100km
32 degrees Fahrenheit 화씨 32도	0 degree Celsius 섭씨 0 도
1 ounce 1 온스	28.3 g 28.3 그램
1 pound (=60 ounces) 1 파운드	0.45 kg 0.45 킬로그램
1 acre 1 에이커	0.004 km^2(4046m^2) 0.004 제곱 킬로미터
10.7 ft^2(square feet) 10.7 제곱 피트	1 m^2 1 제곱 미터
1 gallon 1 갤런	4.54 ℓ 4.54 리터
1 pint 1 파인트	473 ㎖ 473 밀리리터

주요 단어 정리

• 가전제품	home appliances[əpláiəns]
• 가격표	price tag[prais tæg]
• 가슴통증	chest pains[tʃest peins]
• 가시제한 구역	partial[páːrʃəl] / limited[límitid] / restricted[ristríktid] visibility[vìzəbíləti]
• 감기	flu[fluː] / cold[kould]
• 감자	potato[pətéitou]
• 강한	strong[strɔ(ː)ŋ]
• 값싼	cheap[tʃiːp]
• 건강	health[helθ]
• 검사	inspection[inspékʃən]
• 경로	route[ruːt]
• 경찰서	police station[pəlíːs stéiʃən]
• 경찰관	police officer[pəlíːs ɔ(ː)fisər]
• 계산서	check / bill[bil]
• 계좌번호	account number[nʌ́mbər]
• 고속버스 / 열차	express bus[iksprés bʌs] / train[trein]
• 고속도로	highway[háiwèi] / expressway[ikspréswèi]

• 골동품	antique [æntíːk]
• 골프채	golf club
• 골프 카트	golf cart
• 골프장 이용료	green fee [fiː]
• 공중전화	payphone [peifoun]
• 관광	sightseeing [sáitsìːiŋ]
• 교환	exchange [ikstʃéindʒ]
• 교환원	operator [ápərèitər]
• 구명조끼	life vest [laif vest] / jacket [dʒǽkit]
• 구운	baked [beik]
• 구토	vomit (ting) [vámit]
• 국가번호	country [kántri] code [koud]
• 국수	noodles [núːdl]
• 국제운전면허증	international driver's license [láisəns]
• 국제전화카드	international calling card [kɔ́ːliŋ]
• 국제전화 식별번호	exit code [éɡzit]
• 끄다	turn off [təːrn]
• 극장	theatre [θí(ː)ətər]
• 기내선반	overhead compartment [óuvərhèd kəmpáːrtmənt] cabin [kǽbin]
• 기념품	souvenir [sùːvəníər]
• 기장	captain [kǽptən]
• 기름진	oily [ɔ́ili]
• 기침 시럽 / 알약	cough syrup [kɔ(ː)fsírəp] / tablet [tǽblit]

· 낚시	fishing[fíʃiŋ]
· 날음식의	raw[rɔ:] / uncooked[ʌnkúkt]
· 놀이공원	amusement park[əmjúːzmənt pɑːrk]
· 놀이기구 개별 티켓	single ride ticket[síŋgl raid tíkit]
· 뇌진탕	concussion[kənkʌ́ʃən]
· 느끼한	greasy[gríːsi]

· 다림질	ironing[áiərniŋ]
· 다인승 전용차선	carpool lane[lein]
· 다 팔리다	sold out[aut]
· 다시 채우다	refill[ríːfil]
· 달콤한	sweet[swiːt]
· 담요	blanket[blǽŋkit]
· 대사관	embassy[émbəsi]
· 더러운	dirty[dɔ́ːrti]
· 떠나다	leave[liːv]
· 도둑	thief[θiːf]
· 도착하다	arrive[əráiv]
· 독서등	reading light[ríːdiŋ lait]
· 동전	coin[kɔin]
· 두통	headache[hédèik]
· 등산	hiking[háikiŋ]

• 라디오	radio[réidiòu]
• 라커룸	locker room[lákər]
• 렌트비	rental fee[réntəl]
• 리모컨	remote control[rimóut]

• 마취	anesthesia[æ̀nisθíːʒə]
• 매운	spicy[spáisi]
• 매표소	ticket counter / box office
• 머무르다	stay[stei]
• 멀미	airsickness[ɛ́ərsìknis] / motion sickness[móuʃən síknis]
• 면세품	duty-free[friː]
• 면도제품	shaving kit[ʃéiviŋ kit]
• 모기 퇴치제	mosquito[məskíːtou] repellent[ripélənt]
• 목구멍	throat[θrout]
• 목도리	scarf[skɑːrf]
• 목적	purpose[pə́ːrpəs]
• 목적지	destination[dèstənéiʃən]
• 무료의	complimentary[kàmpləméntəri] / free[friː]
• 무선 인터넷	wireless internet[wáiərlis]
• 무료장거리 전화번호	toll-free number[nʌ́mbər]

• 물	water [wɔ́:tər]
• 명품의류	designer clothing [dizáinər klóuðiŋ]
• 미디어 시스템	entertainment system [èntərtéinmənt sístəm]
• 미술관	art gallery [gǽləri] / art museum [mju(:)zí(:)əm]

ㅂ

• 박물관	museum [mju(:)zí(:)əm]
• 반짇고리	sewing kit [sóuiŋ kit]
• 반창고	band-aid [eid]
• 발목을 삐다	sprained ankle [sprein ǽŋkl]
• 발작	seizure [sí:ʒər]
• 백미러	rearview mirror [riərvju: mírər]
• 베개	pillow [pílou]
• 법	law [lɔ:]
• 변비	constipation [kànstəpéiʃən]
• 변호사	lawyer [lɔ́:jər]
• 병원	hospital [háspitəl]
• 보증금	deposit [dipázit]
• 보석류	jewelry [dʒú:əlri]
• 보험	insurance [inʃú(:)ərəns]
• 복도 쪽 좌석	aisle seat [ail si:t]
• 복통	cramps [kræmp]
• 부족한	insufficient [ìnsəfíʃənt]

• 부러진	broken[bróukən]
• 분실된	missing[mísiŋ]
• 분실물센터	the lost-and-found department[dipáːrtmənt]
• 비상약제함	first-aid kit[eid kit]
• 비상구	emergency exit[imə́ːrdʒənsi]
• 비싼	expensive[ikspénsiv]
• 빈	vacant[véikənt]

• 산소마스크	oxygen mask[áksidʒən]
• 상영하다	run[rʌn]
• 설사	diarrhea[dàiərí(ː)ə]
• 세관신고서	customs declaration[kʌ́stəms dèkləréiʃən]
• 세금	tax[tæks]
• 세일 하는	on sale[seil]
• 소방서	fire department[dipáːrtmənt]
• 소화불량	indigestion[ìndaidʒéstʃən]
• 소형승용차	compact car[kəmpǽkt]
• 손지갑	purse[pəːrs]
• 손톱 깍기	clipper[klípər]
• 수영복	swimsuit[swímsjùːt] / bathing suit[béiðiŋ sjuːt]
• 수신자부담	collect call[kálekt kɔːl]
• 순한	mild[maild]
• 술	alcohol[ǽlkəhɔ̀(ː)l]

• 승객	passenger [pǽsəndʒər]
• 시내전화	local call [lóukəl kɔːl]
• 식사용 테이블	tray table [trei téibl]
• 식중독	food poisoning [fuːd pɔ́izəniŋ]
• 신용카드	credit card [krédit kɑːrd]
• 신호등	traffic light [trǽfik lait]
• 신(맛)	sour [sauər]
• 신고하다	report [ripɔ́ːrt]
• 심장마비	heart attack [hɑːrt ətǽk]

• 아삭한	crunchy [krʌ́ntʃi]
• 아이스링크	ice skating rink [riŋk]
• 아프다	hurt [həːrt]
• 안경	glasses [glǽsis]
• 안내책자	guidebook [gáidbùk]
• 안내데스크	information [infərméiʃən] / help desk
• 안전벨트	seatbelt [siːtbelt]
• 안전수칙시연	safety demonstration [dèmənstréiʃən]
• 안대	eye / sleep mask [mæsk]
• 양말	socks [sɑks]
• 약국	pharmacy [fɑ́ːrməsi]
• 약한	weak [wiːk]
• 여권	passport [pǽspɔːrt]
• 여행자 보험	traveler's insurance [inʃú(ː)ərəns]

부록

• 여행자 수표	traveler's check [tʃek]
• 여행사	travel agency [éidʒənsi]
• 여행일정	itinerary [aitínərèri]
• 연고	ointment [ɔ́intmənt]
• 연락하다	contact [kántækt]
• 연장하다	extend [iksténd]
• 연한	tender [téndər]
• 열	fever [fíːvər]
• 영사관	consulate [kánsjəlit]
• 영수증	receipt [risíːt]
• 영화	movie [múːvi]
• 예약 / 예약하다	reservation [rèzərvéiʃən] / reserve [rizə́ːrv]
• 요금	fare [fɛər]
• 왕복	round-trip [trip]
• 우비	raincoat [réinkòut]
• 우산	umbrella [ʌmbrélə]
• 우천 교환권	rain check [rein tʃek]
• 운동화	sneakers / running shoes
• 원형교차로	roundabout [ráundəbàut]
• 원피스	dress [dres]
• 위통	stomachache [stʌ́məkeik]
• 음료	beverage / drink
• 의약품	medicine
• 이륙	departure [dipáːrtʃər] / take-off
• 이체하다	transfer [trǽnsfər]

• 잇몸	gum [gʌm]
• 입국신고서	disembarkation card [disèmbɑːkéiʃən kɑːrd] / form [fɔːrm]
• 입장권	admission ticket [ədmíʃən tíkit]

• 자외선 차단제	sunscreen / sunblock
• 자전거	bicycle [báisikl]
• 장갑	gloves
• 장거리 전화	long distance call [lɔ(ː)ŋ dístəns kɔːl]
• 장난감	toy [tɔi]
• 저축	savings [séiviŋ]
• 전시회	exhibit [igzíbit] / exhibition [èksəbíʃən]
• 전화번호부	Yellow Pages [jélou peidʒ]
• 점포정리 세일	clearance sale [klí(ː)ərəns seil]
• 제공하다	offer [ɔ́(ː)fər]
• 종착역	final stop [fáinəl stɑp]
• 좌석	seat [siːt]
• 주간 고속도로	interstate highway [ìntərstéit háiwèi]
• 주차	parking [pɑ́ːrkiŋ]
• 증세	symptom [símptəm]
• 지연	delay [diléi]
• 지역번호	area code [ɛ́əriə koud]

· 지정석	reserved seat [rizə́:rvd si:t]
· 지하철	subway [sʌ́bwèi]
· 진통제	painkiller [péinkìlər]

· 창문덮개	window shade [wíndou ʃeid]
· 창가좌석	window seat [wíndou si:t]
· 찾다	look for [luk fər]
· 채소	vegetable [védʒitəbl]
· 채우다	fill out [fil aut]
· 채식주의자	vegetarian [vèdʒitέ(:)əriən]
· 처방전	prescription [priskrípʃən]
· 체온	temperature [témpərətʃər]
· 체온계	thermometer [θərmάmitər]
· 체육관	gym [dʒim]
· 추천하다	recommend [rèkəménd]
· 출구	exit [égzit]
· 취소하다	cancel [kǽnsəl]
· 취미	hobby [hábi]
· 치약	toothpaste [tú:θpèist]
· 치과의사	dentist [déntist]
· 치아	tooth [tu:θ]

• 치통	toothache[túːθèik]
• 친구	friend[frend]
• 친절한	kind[kaind]
• 친척	relative[rélətiv]
• 침대	bed[bed]
• 칫솔	toothbrush[túːθbrʌʃ]

• 카트	cart[kɑːrt]
• 칼	knife[naif]
• 키 제한	height restriction[hait ristríkʃən]
• 키보드	keyboard[kíːbɔ̀ːrd]

• 타월	towel[táuəl]
• 탄	burnt[bəːrnt]
• 탈의실	changing room[tʃeindʒ] / fitting room[fítiŋ]
• 탈수증	dehydration[dìːhaidréiʃən]
• 터미널	terminal[tə́ːrmənəl]
• 통로	aisle[ail]
• 통증	pain[pein]
• 특별한	special[spéʃəl]

ㅍ

• 판매원	salesperson[séilzpə̀ːrsən]
• 팔	arm[ɑːrm]
• 팔다	sell[sel]
• 편도	one-way street[striːt]
• 편의점	convenience store[kənvíːnjəns stɔːr]
• 편안한	comfortable[kʌ́mfərtəbl]
• 편지	letter[létər]
• 포도	grape[greip]
• 포크	fork[fɔːrk]
• 포장하다	wrap[ræp]
• 포함하다	include[inklúːd]
• 피	blood[blʌd]
• 피를 흘리다	bleed[bliːd]
• 피임약	contraceptives[kàntrəséptiv]

ㅎ

• 학생	student[stʃúːdənt]
• 할인	discount[diskáunt]
• 항공권	flight ticket[tíkit]
• 항구	port[pɔːrt]
• 향수	perfume[pə́ːrfjùːm]
• 허가하다	permit[pə́ːrmit]
• 허리	waist[weist]

• 현금	cash[kæʃ]
• 형제	brother[brʌ́ðər]
• 호출버튼	call button[bʌ́tən]
• 화장실	lavatory[lǽvətɔ̀ːri] / toilet[tɔ́ilit]
• 화장품	toiletry[tɔ́ilitri] / cosmetics[kɑzmétiks]
• 화상	sunburn[sʌ́nbə̀ːrn] / burn[bəːrn]
• 확인하다	confirm[kənfɔ́ːrm]
• 환승	transfer[trǽnsfər]
• 환전	exchange[ikstʃéindʒ]
• 환풍기	fan[fæn]
• 휴가	vacation[veikéiʃən]
• 휴대폰	mobile[móubəl] / cell phone
• 휴식	break[breik]
• 회전목마	carousel[kæ̀rəsél] / merry-go-round[raund]

01 **You bet!** 물론이지! (바로 그거야!)

02 **Suit yourself.** 당신 좋을대로 하세요.

03 **Give me a second.** 잠시만 시간을 좀 주세요.

04 **Leave me alone!** 나를 좀 내버려두세요!

05 **It's not my cup of tea.** 제 취향이 아니에요.

06 **What you see is what you get.** 당신이 본 대로 느끼는 대로 입니다. (주로 첫인상에서)

07 **Don't take it for granted.** 당연하게 생각하지 마세요.

08 **I made it in the nick of time.** 겨우 시간에 딱 맞춰 일을 해냈어요.

09 **Take it or leave it.** 받아들이든지 아니 그냥 두고 가든지. (싫으면 그냥 관두세요.)

10 **Over my dead body!** 죽어도 안 돼! (내 눈에 흙이 들어가기 전에는 안돼!)

11 **She's playing hard to get.** 그녀는 마음을 잘 주지않고 튕기네요. (그녀는 밀당을 해요.)

12 **Never mind!** 걱정하지 마세요! (신경쓰지 마세요!)

13 **Take your time.** (서두르지 말고) 천천히 하세요.

14 **Help yourself.** (음식 등을) 마음껏 드세요.

15 **That's the spirit!** 바로 그 정신이야! (그러니 그대로 밀고 나가세요!)

16 **It's a piece of cake.** 너무 쉬운 일이에요. (식은 죽 먹기)

17 **He's all talk.** 그는 말뿐인 사람이에요. (말만 하고 실천하지 않아요.)

18 **It was meant to be.** 그것은 그리 되기로 예정되었던 것. (운명으로 되어진 일이에요.)

19 **It's harder than it looks.** 그것은 보기보다 어려워요.

20 **Never say never.**
절대 그런 일이 안 일어난다고 말하지 마요. (세상 일은 어찌될지 모르는 법이니까)

21 **You are the boss! It's up to you.** 당신이 주인, 주인 마음대로 하세요.

22 **Long time, no see.** 오랜만이야.

23 **You read my mind.** 너는 내 마음을 읽는구나.(내가 원하는 걸 잘 아는구나.)

24 **Are you out of your mind?** 정신이 나갔어? (제정신이야?)

25 Does it ring a bell?   기억 안나? 들어본적 있지 않아?

26 Don't sweat it. / No sweat.
(상대방의 감사,부탁에 대하여) 뭘 그런걸 갖고 그래. (별거아냐, 문제없어)

27 Look on the bright side.   긍정적으로 생각해봐.

28 I got goose bumps.   나, 소름 돋았어.

29 Well, it depends…   글쎄요, 사정에 따라 다른데요…

30 It's nothing special.   별거 아녜요. (그냥 그래.)

31 She's full of it.   그녀는 함부로 되는대로 말해.

32 What's up?   무슨 일이야? (잘 지냈어?)

33 If you insist.   당신이 굳이 원하신다면 …

34 Take it easy.   일을 쉬엄쉬엄 하세요. (걱정마, 잘 가요 등)

35 What's the rush?   무얼 그렇게 허둥대지? (서둘지 않아도 돼.)

36 Are you serious?   정말이에요? (진심으로 그렇게 말하는 거에요?)

37 I don't get it.   잘 모르겠어요. (이해할 수 없어요.)

38 All's well that ends well.   끝이 좋으면 다 좋은 법

39 It's better than nothing.   아예 없는 것보다는 나아요.

40 Don't mind me.   (제 걱정은 마시고) 마음대로 하세요.

41 Make yourself at home.   (내 집처럼) 편하게 있으세요.

42 Are you kidding? / You must be kidding!   장난해? (농담이지?)

43 That's easier said than done!   행동보다 말이 쉽지!

44 It's nothing like I'd thought it would be.   내가 생각한대로 전혀 되지 않아.

45 It's a once in a lifetime opportunity.   일생에 단 한번 뿐인 기회야.

46 Check it out.   잘 들어봐. (확인해봐.)

47 Don't be chicken!   너무 겁먹지 마! (두려워 도망치지 마!)

48 Better late than never.
(사람, 성공 등이) 아예 안 오는 것보다는 늦게라도 오는 것이 낫다.

Be동사, Do동사, 몇몇 조동사의 부정형과 축약형

	부정형	축약형
is [s, z, əz; íz]	is not	isn't
are [ər; ɑ́ːr]	are not	aren't
were [wər; wɔ́ːr]	were not	weren't
can [kən; kǽn]	cannot	can't
could [kəd; kúd]	could not	couldn't
did [did]	did not	didn't
does [dəz; dʌ́z]	does not	doesn't
do [du, də; dúː]	do not	don't
had [d, əd, həd; hǽd]	had not	hadn't
has [z, əz, həz; hǽz]	has not	hasn't
have [v, əv, həv; hǽv]	have not	haven't
shall [ʃəl; ʃǽl]	shall not	shan't
should [ʃəd; ʃúd]	should not	shouldn't
will [wəl; wíl]	will not	won't
would [wəd, wúd]	would not	wouldn't

기수(基數)와 서수(序數)

1. 기수

기초가 되는 수

[基 터 기, 근본 기]

one, two, three, four, five...

2. 서수

순서를 나타내는 수

[序 차례 서]

first, second, third, fourth, fifth...

1st	first	11st	eleventh	21st	twenty-first	...	
2nd	second	12th	twelfth	22nd	twenty-second	40th	fortieth
3rd	third	13th	thirteenth	23rd	twenty-third	50th	fiftieth
4th	fourth	14th	fourteenth	24th	twenty-fourth	60th	sixtieth
5th	fifth	15th	fifteenth	25th	twenty-fifth	70th	seventieth
6th	sixth	16th	sixteenth	26th	twenty-sixth	80th	eightieth
7th	seventh	17th	seventeenth	27th	twenty-seventh	90th	ninetieth
8th	eighth	18th	eighteenth	28th	twenty-eighth	100th	hundredth
9th	ninth	19th	nineteenth	29th	twenty-ninth	...	
10th	tenth	20th	twentieth	30th	thirtieth		

* 굵은 글씨로 표시한 단어의 철자에 주의하세요.

서수를 쓰는 경우

[순서를 나타낼 때]

For his sixteenth birthday,...(2015.04.10) 그의 16번째 생일을 위해서.

Today is Angella's 54th birthday and 30th wedding anniversary as well.(2015.05.20)

오늘은 안젤라의 54번째 생일이며 30번째 결혼기념일이기도 합니다.

생활 속에서 자주 쓰는 콩글리시

잘못된 표현	올바른 표현
카레 라이스	rice and curry [rais ənd kə́:ri]
프림	cream [kri:m]
돈까스	pork cutlet [pɔːrk kʌ́tlit]
비후까스	beef cutlet [bi:f kʌ́tlit]
함박스테이크	hamburger steak [hǽmbə̀ːrgər steik]
카 센터	body shop [bádi ʃɑp]
핸들	steering wheel [stí(:)əriŋ hwiːl]
백미러	rearview mirror [riərvjuː mírər]
본네트	hood [hud]
크락션	horn [hɔːrn]
오토바이	motor cycle [móutər sáikl]
빠꾸	back up [bæk ʌp]
오라이	all right [ɔːl rait]
윈도우 브러쉬	wiper [wáipər]
빵구 타이어	flat tire [flæt taiər]
미팅	blind date [blaind deit]
보이 프렌드/걸 프렌드	friend (boyfriend나 girlfriend는 깊은 관계를 맺으며 사귀고 있는 애인의 의미이기 때문에 굳이 친구의 성별을 얘기하고자 한다면 male friend나 female friend로 말해야 함.)
one-side love(짝 사랑)	unreturned love [ʌnritə́ːrnd lʌv] / unrequited [ʌ̀nrikwáitid] love

316

잘못된 표현	올바른 표현
솔로(독신자)	single [síŋgl]
올드 미스	old maid [meid]
코팅	laminating [lǽmənèit]
형광펜	highlighter [háilàitər]
매직펜	marker [máːrkər]
호츠키스/호츠키스 알	stapler [stéiplər] / staples [stéipl]
스탠드	desk lamp [desk læmp]
샤프 펜슬	mechanical pencil [məkǽnikəl pénsəl]
빤스	underwear [ʌ́ndərwɛ̀ər]
런닝 셔츠	T-shirt [ʃəːrt]
츄리닝	sweatpants [swetpænts]
팬티 스타킹	panty hose [pǽnti houz]
와이셔츠	dress shirt [dres ʃəːrt]
백 넘버	uniform number [júːnəfɔ̀ːrm]
핸드폰	cell phone / mobile phone
비닐봉투	plastic bag [plǽstik]
바캉스	vacation [veikéiʃən]
컨닝	cheating [tʃíːtiŋ]
아르바이트	part-time job [taim dʒɑb]
엑기스	extract [ékstrækt] / essence [ésəns]
돌머리	blockhead [blɑ́khèd] / bonehead [bóunhèd]
밴드(반창고)	band aid [bænd eid]
후로끄	fluke [fluːk]
탤런트	TV star [stɑːr]

잘못된 표현	올바른 표현
아이쇼핑	window shopping [wíndou ʃápiŋ]
쑈당	show down [ʃou daun]
콘센트	outlet [áutlet]
믹서	blender [bléndər]
애프터 서비스	after-sales service [ǽftər-seilz sə́:rvis]
싸인	autograph [ɔ́:təgræf] / signature [sígnətʃər]
아파트	apartment [əpá:rtmənt]
모닝 콜	wake-up call
원피스	a dress [dres]
리모콘	remote control [rimóut kəntróul]
린스	conditioner [kəndíʃənər]
드라이버	screw driver [skru: dráivər]
스킨	toner [tóunər]
선 크림	sunscreen / sun block [blɑk]
폴라 티	turtle neck [tə́:rtl nek]
기브스	cast [kæst]
개그맨	comedian [kəmí:diən]
파이팅!	(Way to) Go!
포켓볼	pool [pu:l]
메이커	brand [brænd]
에어컨	air conditioner [ɛər kəndíʃənər]
노트북	notebook computer [nóutbùk kəmpjú:tər] / laptop [læptɑp]

정답

Answers

❶ I'm nervous [about / for] traveling to another country.
나는 다른 나라를 여행하게 되어 긴장이 됩니다.

❷ I'm excited [to / when] visit another country.
저는 또 다른 나라를 방문하게 되어 흥분이 되요.

❸ I'm traveling [on / to] India this summer.
저는 올 여름에 인도 여행을 할거에요.

❹ I'm going backpacking [for / in]Australia.
나는 호주로 배낭 여행을 갈 것입니다.

❺ I bought two tickets [from / for] Alaska.
나는 알라스카행 표 2매를 구입했습니다.

❻ My family and I are taking a road trip [across / between] Canada.
제 가족과 저는 캐나다 횡단 자동차 여행을 할 것입니다.

❼ I prefer traveling [by / with] a tour group.
저는 여행객들과 단체로 하는 여행을 선호합니다.

❶ This summer holiday, I'm going to travel to Italy for two weeks. I'll fly to Amsterdam and then transfer to Rome. I'm traveling to three cities with my best friend Jiyeon. We've wanted to visit Europe for a long time.

이번 여름 휴가 때 나는 2주 동안 이태리를 여행할 것입니다. 암스테르담까지 비행기를 타고 가서 환승하여 로마까지 갈 것입니다. 나는 3개의 도시를 가장 친한 친구 지연이와 함께 여행할거예요. 우리는 오랫동안 유럽을 여행하고 싶어했어요.

❷ I prefer to travel by myself. I want to follow my own itinerary. Also, I like backpacking and traveling on foot. It's easier to travel like that when you are alone.

저는 혼자 여행하는 것을 선호합니다. 저는 저만의 여정을 따라 여행하기를 원합니다. 또한 배낭여행과 도보여행을 좋아해요. 혼자 여행할 때에는 그렇게 여행하는 것이 더 쉬워요.

정
답

❶ you switching seats do mind?

  → Do you mind switching seats?

좌석을 바꿔도 괜찮을까요?

❷ your I see claim may tag baggage?

  → May I see your baggage claim tag?

수화물 인환증을 보여 주시겠어요?

❸ minutes by your will be flight delayed forty.

  → Your flight will be delayed by forty minutes.

승객님의 비행기는 40분 연착됩니다.

❹ meals wake could me for you?

  → Could you wake me for meals?

식사시간에 저를 깨워주실 수 있나요?

❺ seat please position return to your upright the.

  → Please return your seat to the upright position.

좌석을 원위치 시켜주세요.

❻ carrying you illegal are items any?

  → Are you carrying any illegal items?

불법적인 품목을 반입하지는 않으십니까?

❶ A : Excuse me, is this 32C? I think this is my seat.
   실례합니다만 이 자리가 32C이지요? 여기는 제 자리 같습니다.

B : Really? Let me check my ticket. Oh, you're right. Mine is 32D.
   Sorry about that.
   그래요? 제 티켓을 확인해 볼게요. 오! 맞네요. 제 좌석은 32D이네요. 죄송합니다.

A : No problem. Thanks.
   괜찮습니다. 감사합니다.

❷ Customs inspector: Hello, may I see your passport, please?
   세관 검사관: 안녕하십니까? 여권을 보여주시겠습니까?

Traveler: Here you go.
   여행객 : 여기 있습니다.

Customs inspector: What is the purpose of your visit? How long
will you be in the country?
세관 검사관: 입국 목적이 무엇입니까? 이 나라에서 얼마 동안 계실 계획이신가요?

Traveler: I'm here for business. I have a conference in New York.
I'll be returning in 4 days.
여행객 : 사업차 왔습니다. 뉴욕에서 컨퍼런스(회의)가 있습니다. 4일 후 돌아갑니다.

Customs Inspector: Is this your first time in the country?
세관 검사관: 이 나라 방문은 처음이십니까?

Traveler: No, I've been here two times.
여행객 : 아닙니다. 2번 방문한 적이 있습니다.

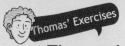
Thomas' Exercises *Answers*

[문제 94–95p.]

❶ What kind of <u>vehicle</u> would you like?
어떤 종류의 차량을 원하시나요?

❷ Would you like to purchase any supplemental <u>insurance</u>?
추가로 별도의 보험을 드시겠습니까?

❸ (택시에서) How much is the starting <u>fare</u>?
기본 요금이 얼마입니까?

❹ I'm going to let you off with a <u>warning</u>.
이번엔 경고조치만 하고 보내드리겠습니다.

❺ What station do I <u>transfer</u> at?
무슨 역에서 갈아타나요?

❻ Could you turn on <u>the air-conditioning</u>?
에어컨 좀 켜 주시겠습니까?

❼ This spot is reserved for drivers with <u>disabilities</u>.
이 곳은 장애인 주차 구역입니다.

❽ What did I do wrong, officer? I was under the <u>speed limit</u>.
제가 뭘 잘못했지요, 경관님? 제한속도 이하로 달렸어요.

❶ Hello, I'd like to rent a 6-person SUV for 5 days. The color or brand doesn't matter. Can we pick up the car at LAX airport and drop it off in San Francisco? Oh, and we need supplemental insurance too.

안녕하세요. 6인승 SUV차량을 5일간 빌리고 싶습니다. 색상이나 브랜드는 상관없습니다. 차량을 LAX공항에서 인수하고 샌프란시스코 공항에서 반환할 수 있을까요? 오, 그리고 추가의 보험을 들고자 합니다.

❷ I'd like to buy two train tickets for New Haven. Are there any trains leaving tonight, around 7 o'clock? Please give me the cheapest tickets. What platform does the train leave from?

뉴 헤이븐행 기차표 2장 주세요. 오늘 저녁 7시쯤 출발하는 기차가 있나요? 가장 저렴한 표로 주세요. 어떤 플랫폼에서 기차가 출발하나요?

Thomas'
Exercises *Answers*

[문제 116–117p.]

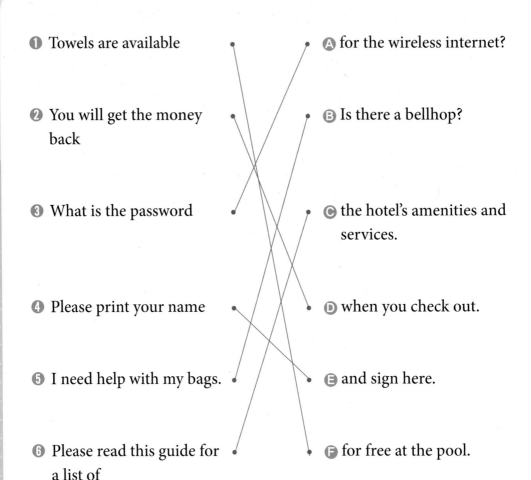

❶ Towels are available

❷ You will get the money back

❸ What is the password

❹ Please print your name

❺ I need help with my bags.

❻ Please read this guide for a list of

Ⓐ for the wireless internet?

Ⓑ Is there a bellhop?

Ⓒ the hotel's amenities and services.

Ⓓ when you check out.

Ⓔ and sign here.

Ⓕ for free at the pool.

1　수영장에서 타월은 무료로 사용하실 수 있습니다.
2　체크아웃 하실때 돈은 반환됩니다.
3　무선 인터넷 접속암호가 뭐죠?
4　여기에 성함을 쓰시고 사인 해주세요.
5　짐이 좀 많아서 도움이 필요합니다. 벨보이가 있나요?
6　호텔 편의시설과 서비스를 원하시면 안내 책자를 참고해 주십시오.

① I'd like a room for three people for four nights. We need a double bed and a children's cot. We'd prefer a non-smoking room. And could you send a bellhop to help me with my bags?

4박 동안 3명이 머물 방을 하나 원합니다. 더블 베드 하나와 아이용 침대를 원합니다. 금연 룸이면 좋겠고 그리고 가방을 들어줄 벨보이를 방으로 보내주실 수 있나요?

② Hello? Reception? This is Mr. Lee in room 215. There's some problem in our room. The faucet is leaking, and we can't use the hot water. Please send someone up to look at it.

여보세요? 프런트죠? 215호실의 Mr. Lee 입니다. 저희 방에 문제가 있습니다. 수도가 새는 군요. 그리고 더운 물도 사용할 수가 없네요. 누군가 보내서 좀 살펴봐 주세요.

정답

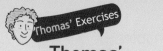

❶ Can I get a refill?
리필이 되나요?

❷ Do you have any imported beer?
수입맥주가 있습니까?

❸ This steak is a little cold. Could you please reheat it?
이 스테이크가 좀 식었네요. 다시 데워 주시겠어요?

❹ Do you have valet parking here?
여기 주차대행이 됩니까?

❺ How many in your party?
일행이 몇 분이시죠?

❻ Can I get Fanta with that? And no ice please.
환타로 할 수 있을까요? 얼음 빼고요.

❶ Hello. I'd like to make a reservation for four, tomorrow night. We'll be arriving at 7.30 p.m. Are there any terrace seats available? Also, it's a birthday celebration, so I hope we can plan some kind of special event.

여보세요? 내일 저녁에 4명으로 예약하려고 합니다. 7시 30분에 도착할것입니다. 테라스 자리 중 가능한 테이블이 있나요? 그리고 생일 축하 파티인데 특별한 이벤트를 계획할 수 있다면 좋겠네요.

❷ I'll have the garden salad with vinaigrette dressing, followed by the baby back ribs. Can I get baked potato with the ribs? For desert, I'd like the brownie, hold the whipped cream, please. And, I'll have a glass of white wine too.

등갈비 요리와 가든 샐러드에 (신선한 채소 샐러드) 비네그렛 드레싱(식초에 갖가지 허브를 넣어 만든 샐러드용 드레싱)으로 주문 할게요.갈비요리에 구운 감자를 곁들인 것으로 주문 할 수 있나요? 디저트로는 생크림을 뺀 브라우니로 하겠습니다. 그리고 화이트와인 한 잔 주세요.

정
답

❶ You have to return it before the due date.

장소: <u>Library</u> (도서관)

마감 일 전에 반납하셔야 합니다.

❷ Where is the dairy section?

장소: <u>Supermarket</u> (슈퍼마켓)

유제품 코너는 어디인가요?

❸ What designer labels do you carry?

장소: <u>Department store</u> (백화점)

어떤 브랜드들이 입점해 있습니까?

❹ Is this authentic?

장소: <u>Street market</u> (노점)

이거 진품이에요?

❺ The lens is out of focus.

장소: <u>Electronics store</u> (전자 제품점)

렌즈 초점이 안 맞아요.

❻ Can you take more off the sides?

장소: <u>Hairdresser</u> (미용실)

옆을 좀 더 쳐 주시겠어요?

❼ I'd like to buy some stamps.

장소: <u>Post office</u> (우체국)

우표를 몇 장 사고 싶습니다.

❶ Hi, I'm looking for a summer dress in a size medium. I want something simple and elegant, but not too expensive. The brand doesn't matter. Do you have anything like that?

안녕하세요? 저는 미디움 사이즈의 여름 원피스를 찾고 있어요. 단순하고 우아하지만 많이 비싸지 않은 것으로 원합니다. 브랜드는 상관 없어요. 그런 상품이 있습니까?

❷ Hello. I'd like to send this package to Korea. Please use express mail service. Please send it to this address. Will it get there within one week? What is the difference in price between express mail and regular mail? Also, please be careful, it's fragile.

안녕하세요? 이 소포를 한국으로 보내고 싶습니다. 빠른 우편으로 보내주세요. 이 주소로 보내주시면 됩니다. 이 소포가 일주일 이내에 도착 할까요? 빠른 우편과 일반 우편 사이의 가격 차이가 어떻게 되나요? 그리고 이것은 깨지기 쉬우니 조심스럽게 다뤄주세요.

T	L	V	I	R	U	S	D	N	O	M	P	T
M	O	K	G	S	Q	R	A	I	P	K	H	Y
O	G	U	P	D	O	O	T	W	E	F	O	U
U	I	F	I	W	K	F	A	D	R	D	N	E
S	N	U	S	S	E	D	B	K	A	H	E	J
E	C	S	L	B	Y	B	W	E	T	S	C	J
P	A	A	R	N	B	W	P	U	O	G	A	E
P	A	U	N	Q	O	G	N	A	R	L	R	I
L	F	E	S	F	A	T	X	O	G	X	D	P
H	A	R	G	B	R	I	C	L	R	E	K	N
Z	X	M	W	V	D	P	R	I	N	T	E	R

가로 세로 퍼즐에 숨겨진 IT와 전화와 관련된 단어를 찾아보세요.

1) WIFI

2) phone card

3) keyboard

4) login

5) scan

6) printer

7) mouse

8) password

9) webpage

10) fax

11) operator

12) USB

13) virus

14) data

❶ Hello. I need an international phone card. Is this phone card valid for calls to Korea? Can you explain how to use it?

여보세요. 국제전화카드가 필요한데 이 카드로 한국으로 전화를 걸 수 있나요? 이 카드를 어떻게 사용하는지 알려주실수 있나요?

❷ Excuse me, does this place have a wifi connection? What is your password? Can I log on with my phone?

실례합니다. 이곳에서 와이파이 접속이 가능한가요? 비밀번호가 뭔가요? 제 전화로 로그인 이 가능한가요?

❶ Where is the ticket [counter / checkout]?
매표소가 어디에요?

❷ I'd like a large [bucket / bag] of buttered popcorn.
버터맛 팝콘 큰 사이즈로 주세요.

❸ You must be in good health to [do / ride] this ride.
이 놀이기구를 타려면 건강상태가 양호해야 합니다.

❹ Please stay [sitting / seated] at all times.
운행중에는 반드시 자리에 앉아 계십시오.

❺ I feel sick. I think I'm going to throw [up / out] !
속이 울렁거려요. 토할 것 같아요.

❻ How long does the performance [wait / last] ?
그 공연은 얼마나 오래하죠?

❼ Is there a [brochure / magazine] of the museum?
박물관 안내책자가 있습니까?

Chapter 08

Anders' Practice Answers

❶ Hi, I'd like to tour the Grand Canyon. Do you have any single day tours? What time do we leave and return? How much is that? What meals are included in the price? OK, that sounds good, please sign me up for that.

안녕하세요. 그랜드 캐년을 관광하고 싶습니다. 일일 관광상품이 있나요? 몇 시에 출발하고 몇 시에 돌아오나요? 요금은 얼마입니까? 그 상품 가격에 어떤 식사가 포함이 된 건가요? 좋습니다. 괜찮네요. 저도 신청하겠습니다.

❷ Excuse me, could you hold my place in line? I have to go to the bathroom. I'll be right back.

실례합니다. 이 줄에서 제 순서를 지켜주실 수 있나요? 화장실을 다녀와야 해서요. 곧 돌아오겠습니다.

❶ If you have any questions or need help while you are here, <u>feel free to call me</u>.

머무는 동안 도움이 필요하거나 문의가 있으시면 편하게 연락주세요.

❷ Oops, I'm out of money. Could you <u>buy me a round</u>?

이런, 돈이 없네요. 이번에 계산을 해주실 수 있어요?

❸ Can I sit here? <u>Is this seat taken</u>?

여기에 앉아도 될까요? 이 자리에 누가 이미 앉았나요?

❹ I don't think you should drive. <u>Give me the keys</u>.

운전하시면 안될것 같아요. 차키 주세요.

❺ Do you mind if I ask you some questions? <u>I'd like to practice my English</u>.

당신에게 질문 좀 하면 안될까요? 영어 연습을 좀 하고 싶어서요.

❻ You're a really interesting person. <u>Tell me more about yourself</u>.

당신은 정말 흥미로운 사람이군요. 본인에 대해 더 얘기해주세요.

❶ Hello, do you mind if I sit here? I hope I'm not interrupting, but I'd like to talk to you for a while. I'm visiting from Korea. It's my first time in the U.S. Can you recommend any nice places?

안녕하세요? 제가 여기에 앉아도 될까요? 당신을 방해하는 것이 아니면 좋겠는데 잠시 얘기할 수 있을까요? 저는 한국에서 왔는데요 미국엔 처음 왔어요. 좋은 곳을 추천해 주실 수 있나요?

❷ Excuse me. Could you take my photo, please? Here, in front of this painting. Please take it lengthwise and include the background. Just hold down this button to focus, and then press it to take the photo.

실례합니다. 제 사진을 좀 찍어주실 수 있나요? 여기 이 그림 앞에서요. 세로로 길게 그리고 뒷 배경이 나오도록 찍어주세요. 초점을 맞추려면 이 버튼을 누르고 있으면 됩니다. 그리고 사진을 찍으려면 이 버튼을 누르세요.

❶ How much will it cost?

❷ What are your symptoms?

❸ Do you have any allergies?

❹ There's been an accident!

❺ You look lost.

❻ Have you seen a red backpack?

❼ It's nothing serious.

Ⓐ I have a headache

Ⓑ I'm allergic to penicillin.

Ⓒ I can't afford that.

Ⓓ You should be fine in a few days.

Ⓔ It was here just a minute ago.

Ⓕ Please send an ambulance.

Ⓖ I'm looking for the nearest police station.

1	금액이 얼마나 나올까요?	A) 머리가 아파요.
2	증상이 어떠신지요?	B) 저는 페니실린에 알러지가 있어요.
3	어떤 알러지가 있습니까?	C) 전 그만한 돈이 없는데요.
4	사고가 발생했어요!	D) 며칠 내에 괜찮아질 거에요.
5	길을 잃으셨나봐요.	E) 방금 전까지 여기 있었거든요.
6	빨간 배낭 보셨나요?	F) 앰뷸런스를 좀 보내주세요.
7	심각한 건 아닙니다.	G) 가장 가까운 경찰서를 찾고 있습니다.

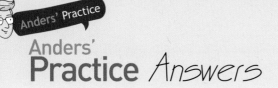
❶ A: Excuse me. How do I get to the student building from here?

B: Keep going down this street for about 4 blocks. Turn right at the traffic light.It's just a little further down that road, next to the gym.

A: Is it far from here?

B: No, just 3 minutes on foot.

A: 실례합니다. 여기에서 학생회관을 어떻게 가나요?
B: 이 길을 따라서 4블럭 정도 쭉 가신 후 신호등에서 오른쪽으로 가세요. 그 길에서 조금만 더 내려가면 체육관 옆에 있어요.

A: 여기에서 먼가요?
B: 아뇨, 걸어가면 겨우 3분 정도에요.

❷ A: Hello? I've lost my wallet.

B: Where did you last see it?

A: I used it to pay at the restaurant.

B: Could you describe the lost item?

A: It's a small, black leather wallet. It has my ID, credit cards and about $15 in cash.

A: 여보세요? 제 지갑을 분실했습니다.
B: 마지막으로 그것을 어디에서 보셨지요?

A: 음식점에서 돈을 내려고 사용했어요.
B: 분실하신 품목을 설명해주시겠습니까?

A: 작은 검정색 가죽지갑입니다. 제 신분증, 신용카드들, 그리고 약 15불 정도의 현금이 들어 있었습니다.

정답

❶ You've missed your flight.

여러분은 비행기를 놓쳤습니다.

➡ I missed my flight. What should I do now?

제 비행기를 놓쳤는데 이제 어떻게 해야 하나요?

❷ Someone wants to exchange their coins. It's not possible.

누군가 동전을 환전하기를 원하지만 불가능합니다.

➡ It's only possible to exchange bills, not coins.

지폐만 환전이 가능합니다. 동전은 안됩니다.

❸ You need to change your departure date.

여러분은 출발일을 변경하기를 원합니다.

➡ I'd like to change my departure date.

제 출발일을 변경하고 싶습니다.

❹ A customer is trying to bring 4 bags onboard.

어떤 탑승객이 가방 4개를 갖고 탑승하려고 합니다.

➡ I'm sorry, this airline only allows two baggage items per passenger.

죄송합니다, 저희 항공사는 탑승객 한 분당 2개의 짐(수하물)만을 허용합니다.

❺ There are no more seats on the flight.

비행기에 더 이상 좌석이 없습니다.

➡ That flight is fully booked.

그 항공편은 모두 예약이 되었습니다.

❶ Hello? My name is Thomas Frederiksen. I'm flying to Seoul on KE901 tomorrow at 8:30 p.m. I'd like to confirm my reservation. Are there any delays on the flight?

여보세요? 제 이름은 토마스 프레데릭센입니다. 저는 내일 밤 8:30 KE901편으로 한국으로 가는데 제 예약을 확인하고 싶습니다. 비행기가 지연되지는 않는지요?

❷ I'm sorry, your bag is too heavy. You are only allowed a maximum of 20 kg on this flight. Your bag is 10 kg too heavy. You will have to remove some of your items or pay a penalty fee.

죄송하지만 가방이 너무 무겁네요. 이 비행기는 최대한 20kg까지 허용이 됩니다. 고객님의 가방은 10kg이 초과되었습니다. 가방의 짐을 몇 가지 줄이시던지 아니면 초과 금액을 지불 하셔야 합니다.

(주)진명출판사

토마스와 앤더스의

영어 파파라치!

도처에 널려있는 한국식 영어 오류들, 누가 좀 고쳐주세요!

· 동네 상점에서 공공기관의 안내문까지, 때론 황당하고 때론 부끄러운 영어실수들
· 간판, 표지판, 홍보물의 오류들로부터 영어를 쉽게 배우는 책!

저자 | Thomas & Anders Frederiksen
번역 | Carl Ahn

(주)진명출판사   www.jinmyong.com

가격 10,000원

토마스와 앤더스의

착한 영어 시리즈 3

착한 1·2·3 쉬운 생활영어

Pure and Simple Easy, Everyday English

한 단어, 두 단어, 세 단어로 말할 수 있는
간단한 표현들!

MP3 파일
무료
다운로드
www.jinmyong.com

저자 | Thomas & Anders Frederiksen
번역 | Carl Ahn

(주)진명출판사

가격 10,000원

토마스와 앤더스의

착한여행 영어일기

Pure and Simple
English Travel Diary

남미편

브라질, 아르헨티나, 칠레, 페루, 볼리비아

여행일기를 통해 어렵기만 했던 장문독해를 쉽고, 재미있게!

저자 | Thomas & Anders Frederiksen
번역 | Carl Ahn

착한 영어 시리즈 4

(주)진명출판사

가격 12,000원

VM (주)진명출판사

토마스와 앤더스의

착한 영문법
Pure and Simple Grammar

착한 영어 시리즈 5

토마스, 앤더스 두 영팝브로가 전하는 가장 쉽고 간단한 영문법 과외 노트!
한국에서 영어를 가르치며 터득한 영어 교육법 대공개!
간단하고 재미있는 문제풀이를 통한 쉬운 학습

저자 | Thomas & Anders Frederiksen
번역 | Carl Ahn

VM (주)진명출판사

가격 13,000원

VM (주)진명출판사

착한 영어 시리즈 8

토마스와 앤더스의

착한 기초영어

Pure and Simple Beginner's English

첫걸음

남녀노소 누구나 쉽고 재밌게!

- 책 한 권으로 기초 생활영어·문법·회화까지 한 번에!
- 토마스와 앤더스가 A.B.C부터 착하게 가르쳐 드립니다.

저자 Thomas & Anders Frederiksen
번역 Carl Ahn

MP3 무료다운
jinmyong.com

(주)진명출판사

가격 15,000원

(주)진명출판사

가격 15,000원

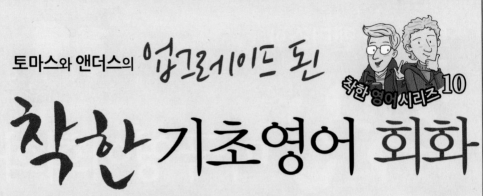

토마스와 앤더스의 업그레이드 된

착한 영어 시리즈 10

착한 기초영어 회화

Pure and Simple English UPgrade

기초에도 급이 있다. 언제까지 왕기초만 공부할 것인가?
이젠 기초에도 업그레이드가 필요할 때입니다.

MP3
무료다운

jinmyong.com

저자 | Thomas & Anders Frederiksen
번역 | Carl Ahn

Anders

USA

Thomas

TAXI

VM (주)진명출판사

가격 15,000원

VM (주)진명출판사

토마스와 앤더스의

착한 서비스영어

착한 영어 시리즈 11

Pure and Simple Service English

서비스업에서 외국인 고객과 대화하는 데
꼭 필요한 영어 표현 익히기!

저자 | Thomas & Anders Frederiksen
번역 | Carl Ahn

MP3 무료다운
jinmyong.com

VM (주)진명출판사

가격 15,000원

토마스와 앤더스의

착한 팝송에서 배우는 영어회화

Pure and Simple Pop Song English

저자 | Thomas & Anders Frederiksen
번역 | Carl Ahn

착한 영어 시리즈 12

QR코드로
노래를
들어보세요

(주)진명출판사

가격 15,000원

(주)진명출판사

당신의 인생에서 일어나게 될 변화에 대응하는 확실한 방법!

누가

내치즈를
옮겼을까?

스펜서 존슨 지음 | 이영진 옮김

230만부
돌파

230만의 치즈가
이제 당신의 치즈가 됩니다.

vIM (주)진명출판사

가격 12,000원